で、結局
なにが
言いたいの？

別所栄吾
ディベート・トレーナー

と言わせない

ロジカルな

文章の

書き方 ！

超入門

Discover
ディスカヴァー

この書籍では、

なるべく文章を読まさずに、

情報を的確に伝達する。

この魔法のような

秘訣をご紹介します。

はじめに

　文章は、他人に読んでいただくために書いています。当然、わかりやすく書かなければなりません。しかし、「内容がしっかりしていれば、書き方が下手でも大丈夫だよ」、「しっかり読んでくれれば、分かってくれるはずだよ」と言う人がいます。

スキルの必要性

　そう言う人も、他人の文章をしっかり読んでも理解できないこともあれば、誤解をしていることもあります。仮に理解できたとしても、そのために多くの時間を費やさねばならないことも多々あります。内容は大切ですが、文章で伝えるスキルも同等に大切です。そもそも、長い文章やわかりにくい文章を読みたいと思う人はいません。仕事などで必要に迫られて読んでいるのです。そんな読み手のためにも、一読で理解でき、記憶に残る文章を書くスキルが必要です。

知らないルールは守れない

　一読で理解できる文章を書くには、正しいルールを学び、スキルを磨く必要があります。しかし、このスキルは従来の日本の学校教育では教えてくれません。文章作成には世界標準のルールがあります。知らないことをできないのは仕方ないとしても、読み手に責任を転嫁して、自分自身のスキル改善の必要を放棄しているようでは問題です。

情報の積み上げ型はダメ

　少々複雑な内容を整理するとき、私たちはたいてい、箇条書きを使って単語や文で情報を書き出しています。次に、その単語や文を寄せ集めて、段落を作っています。そして、段落を集めて文章を完成させていることでしょう。この方法では、重要な情報が随所に散逸してしまうだけでなく、結論も最後になってしまいます。また、不要な情報も多く混じりがちです。

書く前に情報の整理

　わかりやすい文章を書く秘訣は、書く前に「内容を的確に整理する」ことです。この段取りが不可欠です。実は、内容を考える段取りと文章を書くときに意識する段取りは、順番が正反対なのです。この特徴に気づき、ひと工夫するだけで、あなたの文章は劇的に変わります。

考える：単語▶文▶要約文▶結論

書　く：結論▶要約文▶文▶単語

本書の特徴

　従来の書籍では、発想だけ、あるいは文章の書き方だけにフォーカスしたものが多いようです。本書では発想から書き方までを1つの流れとしてご紹介します。特に、必要な手順と正しいルール、そして、実践するうえでのノウハウを凝縮して提供します。また理解を深めるために、悪例と好例で比較して説明します。こうした体系的な理解と豊富な事例は、文章が苦手な人には手順書となり、ベテランの人にとっても新しい気づきをもたらすことでしょう。

本 書 の 構 成

　具体的には、PART 1の「読み比べ」で、悪い文章と良い文章の違いを知ります。また、この章は、アイデアの発想から、書くためのルールなどを総括しています。PART 2は、書く前の準備・発想について、PART 3は、文章を書くときに注意する詳細なルールを説明しています。PART 4は、各種演習問題を掲載しています。理解して知っていることと、できることは違います。実際に書いてみることで、学習した内容を自分のスキルにしてください。

ル ー ル が あ な た を 支 援

　もしかすると、ここまで読んでみて、自分にはまだ難しいと感じた人がいるかもしれません。大丈夫です。本書は文章を書くことが苦手な人に理解してもらえるように、ルールの説明などは極力シンプルにしています。ルールを守れば、必然的に書くべき情報や省く情報が見えてきます。あなたが、わかりやすい文章を書けるようになる日は、すぐそこです。

「で、結局なにが言いたいの？」
と言わせない
ロジカルな文章の書き方超入門

CONTENTS

PART 1
悪い文章と良い文章の特徴を知る

PART 2
文章を書く前の整理方法

PART 3
文章作成時の注意点

1. ワンドキュメント・ワンテーマ

1.1 最初だけ読めば結論や概要が伝わるように書く

1.2 必要最低限の情報だけで書く

2. ワンパラグラフ・ワントピック

2.1 ポイントの数とキーワードが伝わるように書く

PART 4
総合演習

PART 5
まとめ

PART 1
悪い文章と良い文章の特徴を知る

この章は、書籍の内容を総括しています。必要な視点と文章の書き方をまとめてあります。

1.失敗する文章と成功する文章の書き方の違い

2.読み比べ

3.悪い文章・良い文章の7つの特徴

1. 失敗する文章と成功する文章の書き方の違いでは、な
ぜ、わかりにくい文章を書いてしまうのかを知ります。
また、文章の書き方を学ぶ必要性、重視すべき視点を
知ります。

2. 読み比べでは、悪い文章と良い文章を比較することで、
ルールの有効性を実感します。

3. 悪い文章・良い文章の7つの特徴では、読み比べなど
を例示して、悪い文章の特徴と良い文章の特徴を比較
して、どのように文章を書くべきか、概要の説明をし
ます。

PART 2 以降は、この章で説明した内容をより詳しく説
明していきます。

01

失敗する文章と成功する
文章の書き方の違い

失敗する文章の書き方
単語を単純につなげ、積み上げる
思考のプロセスを再現する

成功する文章の書き方
情報を整理する→全体像・結論から書く

なぜ、書けないのか?

①単語の積み上げは文章ではない、それは文字で会話をしているだけ

　友達や家族との LINE やメールでは、ひとこと、ふたことのやり取りで済むことも少なくありません。そのやり取りも全体で見れば、ある程度は文字数があります。しかし、このやり取りは文章ではありません。「少し間の空く会話を文字に置き換えている」だけです。だから、相手が返事をくれないと、話が進みません。

②そもそも言いたいことが、整理されていない

　自分の言いたいことがうまく表現できず、もどかしい思いをしている人はたくさんいます。話し言葉には無駄もあれば、情報の不足もあります。したがって、相手は無駄な情報を排除するだけでなく、不足している情報を補い、言いたいことは何かを探しながらコミュニケーションをしています。

　思っていることがうまく言語化できないと、もどかしさを感じます。会話なら、そのニュアンスを相手がつかみ取ってくれることがありますが、文章ではその行間を読めないことが多くあるのです。また、単に事実の羅列や思考のプロセスを再現しただけで、結論がない文章もあります。

なぜ、必要なのか?

①仕事の経験が長くても、良い文章は書けない

　私は研修の講師として30年以上、ロジカルライティングやロジカルプレゼンテーション研修などで、受講者の課題文章・資料の添

削指導をしてきました。提出された文章・資料だけでは、何を言いたいのかがわからない人が大多数です。研修で説明を聞いて、ようやく主旨がわかることもあれば、わからないこともあります。

そして、文章の書き方の指導をしていない上司がとても多いことも痛感しています。上司の指導は、たいていの場合、内容の過不足についてばかりに向けられ、わかりやすさには向けられていません。わかりにくい文章や説明でも、同じ職場では、周辺情報を埋められる人が集まっているので、自分の文章のわかりにくさに気づいていない人がたくさんいるのです。

このような文章力の欠如は、見方を変えれば、事務ワークの生産性向上の余地であると私は考えています。一人ひとりの能力の向上は、その組織全体の生産性の向上をもたらします。

②読み手に、理解をするために頭を使わせない。内容の検証やその先を考えさせる

曖昧な文章を目にしたとき、「この人の伝えたいことはなんだろう」と必死に考えをめぐらすことになります。この行間を読むことがうまい人は「察しがいいね」とか、「心の知能指数（Emotional Intelligence Quotient：EQ）が高い」と評価されます。しかし、相手に察しを求めるような婉曲的な表現で書かれた文書は、理解に時間がかかります。また、誤解されたり、読み落とされたりする恐れもあります。

では、どうすれば良いのか？

①成功する文章の書き方

　最初に、伝えるべき情報を考え、整理してください。次に全体像・結論から書いてください。

> 考える：単語 ▶ 文 ▶ 要約文 ▶ 結論
> 書　く：結論 ▶ 要約文 ▶ 文 ▶ 単語

　口頭の報告でも文章でも、相手は結論から聞きたいと思っています。しかし、文章を書くとき、多くの人は、その結論に達していない状態で書き始めます。このタイプの人はたいてい、思考においてもただ事実を読み上げたり、キーワードや短い文でメモを作ったりします。これをそのまま文章にすると、思考のプロセスを再現しただけの、典型的なわかりにくい文章になります。

　思考のプロセスをそのまま文章にはせず、キーワードのメモ書き程度にとどめておいてください。相手に伝えるべき情報は何か、結論をまず考えてください。この発想手順は PART 2で詳しく学習します。

②読み手が理解できるかを予測して書く

　口頭での説明は、目の前に相手がいるので反応を見ながら説明できます。しかし、文章は相手の反応がその場で得られません。したがって、相手の反応を予測して、結論、要約文、補足情報を選んでください。また、説明する情報の順番にも配慮してください。

伝わる文章を書くためには、考えてから書く

考えて ➡ PART2

STEP 1 文章の狙いを定める

STEP 2 アイデア・情報を箇条書きで書き出す

STEP 3 情報を意味の固まりで整理する

STEP 4 トピックを構造と並べる順番を考える

STEP 5 それぞれの要約文を書く

STEP 6 各論の情報を展開する

書く ➡ PART3

1 ワンドキュメント・ワンテーマ（**文章**）

（**段落**）

2 ワンパラグラフ・ワントピック

（**文**）

3 ワンセンテンス・ワンアイデア

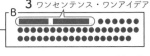

（**単語**）

4 ワンワード・ワンミーニング

C ●●●（多角的視点）●●●●●●●●●
●●●●●●○多角的視点●●●●●●●
●●●●●×論理的視点●●●●●●

文章は、「総論、各論、まとめ」で構成して書く

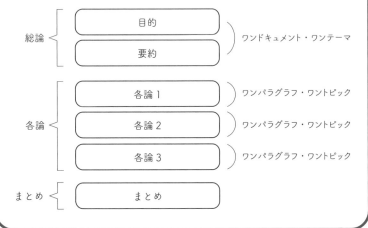

総論 ┤ 目的 ／ 要約 ｝ ワンドキュメント・ワンテーマ

各論 ┤ 各論1 ｝ ワンパラグラフ・ワントピック
各論2 ｝ ワンパラグラフ・ワントピック
各論3 ｝ ワンパラグラフ・ワントピック

まとめ ┤ まとめ

FAQ

職場の定型文や記載フォーマットがある提案書にもルールを適用すべきでしょうか?

いいえ。職場のローカルルールを最優先してください。定型文を勝手に変更してはいけません。野球でもサッカーでもルールがあります。しかし、子どもがプレイするときは、大人と同じではありません。このように標準的なルールよりも、ローカルルールを優先することがあります。

もちろん、記載フォーマットがあるならば、その様式に即してください。すべてのルールは適用できなくても、文や単語レベルの書き方は、この本で説明している方法が活用できるでしょう。

メールでもこのルールは守ったほうがよいでしょうか?

はい。タイトルをトピック＋目的語で書いたり、先頭に要約文を書いたりしてください。また、ナンバリングしたり、ラベリング（見出し付け）をしたりすると、わかりやすくなります。特に文章や単語レベルの方法は有効です。ただし、30秒以内で読み終わるくらい情報が少ない場合は、そうしたルールを守らなくても伝達効率は変わりません。

02

読み比べ：
わかりやすく、記憶に残る
構成を知る

ここでは、悪文と良文を知ることで、目標とする文章の形を理解します。

- -

以下に、日記のような文章（A）と、ルールを守ってリライトした文章（B）の2つを例示します。わかりやすさを比べてみましょう。特に、「研修で何を学習したのか」を意識して読み進んでください。まず文章（A）を読んでみましょう。

ディベート研修について（A）

　2日間のディベート研修を受講しました。自社には同期入社が私を含めて2人しかおらず、動機の新入社員の方々と議論する機会はなかなかありませんでしたが、様々な業種から集まった多くの方々とグループを通じてさまざまな議論をすることが出来ました。

　また他社の状況も伺うことが出来て、変刺激を受けましたし、自分の自社・仕事に対する認識・想いを再確認することができました。

この研修ではグループで議論を頻繁に行いますので、自然に意見交換が出来ましたので、すぐにうち解けてて人脈を広げることができました。

　自分ではできる方だと思っていたのですが、グループで議論を行って意見を集約し、意思統一を行う作業は予想以上に大変でした。

　実際の業務においてコミュニケーションが不十分で重要事項が伝達されていなかったり、意思統一がなされていないと大変な事態を招きかねません。タバコがディベートのテーマだった時などは個人の好悪感情が表出して感情的な議論になり、意見集約に時間がかかりました。

　試合の際にも、連絡の不徹底から発表内容に齟齬をきたしてしまうことがありました。やはり講師の方が言われた通り報告・連絡・相談が大事だと思います。

　ディベートを行う際に最も重要なことは、論理的思考で物事を多角的・多面的に捉え、短時間でポイントを整理し、感情的にならずに審査員（judge）を説得していくことであるとのことでしたが、演習問題や試合を通じて私はこの論理的思考がまだ十分に出来ていないということを痛感しました。

　また、ディベートの試合を通じて2、3分の短い時間でも多くのことが出来るということを体験しました。私は短時間でポイントを整理するのが苦手で試合の際には悪戦苦闘しましたが、何回か試合を行ううちに「聞きながら考える」コツのようなものを掴むことができました。

　物事の本質部分まで突き詰めて考えていかないとどうしてもうわべだけの議論・水掛け論になってしまいます。私はどうしても自分にとって都合の良い方・簡単な方から物事を考えてしまう傾向があり、三角ロジックで論理的に考え、もう一方の立場から物事を検討することを今後は徹底していきたいと思います。

　最後に、私の職場はレイアウトが悪いこと、残業が多いことを申し添えておきます。

　1. 学んだことは、何点ありましたか？
　2. そのキーワードは何ですか？

解答は次ページにあります

何回読み直しても、数、キーワードともにうまく読み取れません。また、誤字脱字も理解度を下げています。

さて、文章（B）も同様に読んで、「研修で何を学習したのか」を読み取ってください。

ビジネスディベート研修受講報告書（B）

　2日間のビジネスディベート研修を受講いたしましたので、ご報告します。今回の研修で私が得たのは3つ、1.多角的視点、2.コミュニケーション、3.時間管理の大切さです。

　多角的視点とは、様々な立場から問題を見ることです。演習問題や試合を通じて、自分自身この多角的視点がまだ身についていないことを痛感しました。私は、自分に都合の良い方、簡単な方から物事を考える傾向があるので、うわべだけの議論・水掛け論をよくしていました。今後の業務では、次回の方針決定会議において、賛成論、反対論の根拠をしっかり受け止め、三角ロジックで根拠を書き出して、比較検討することを徹底したいと思います。

　コミュニケーションとは、組織の中での意思伝達と合意形成です。グループで意見を集約する作業は予想以上に困難でした。施設内の禁煙についてグループで議論したときは、論理よりも感情が先走り、本質的な議論が深められませんでした。今後の業務では、報告・連絡・相談などで、求めている本質を理解できるように、事実に即した会話をするように意識したいと思います。

　時間管理とは、時間を効率的に使って作業を進めることです。ディベートの試合を通じて2、3分の短い時間でも多くのことができることを体験しました。私は、短時間でポイントを整理するのが苦手なので、演習では悪戦苦闘しました。今後の業務では、短時間で集中して思考するノウハウを、日常の業務はもちろん、会議やプレゼンで積極的に活用したいと思います。

　以上、今回のビジネスディベート研修は、多角的視点、コミュニケーション、時間管理の3点が、仕事をしていく上での有益なツールとなりました。毎朝、この視点を確認してから、業務に取りかかります。

1. 学んだことは、何点ありましたか？
2. そのキーワードは何ですか？

3つ
1. 多角的視点
2. コミュニケーション
3. 時間管理の大切さ

　答えを書くまでもありませんね。次頁以降ではこの読み比べの例文などを活用して、文章作成のルールを深めていきます。

03

悪い文章・良い文章の７つの特徴

ここでは前項の２つの研修受講報告書などを例にして、悪い文章と良い文章の特徴を以下の７つの切り口から説明していきます。また、PART 3 では、この７つの特徴に紐づけて、文章作成 33 のルールをご紹介します。

- -

POINT

01
悪い文章は、全部読まないと主旨がつかめない
良い文章は、最初だけ読めば概要が理解できる

02
悪い文章は、情報が多すぎる
良い文章は、必要最低限の情報で相手に伝えている

03
悪い文章は、話のポイントが何個あったかわからない
良い文章は、報告しているポイントの数とキーワードが記憶に残る

04 悪い文章は、情報のレベルや順番がばらばら
良い文章は、同じレベルの情報を同じ順で書いている

05 悪い文章は、要約文がない
良い文章は、要約文を段落の先頭に書いている

06 悪い文章は、１文が長い
良い文章は、１文が短い

07 悪い文章は、冗長な表現や曖昧な説明がある
良い文章は、簡潔にわかりやすく書いている

01

悪い文章は、全部読まないと主旨がつかめない。良い文章は、最初だけ読めば概要が理解できる

POINT

概要・結論を30秒で読めるように書く

- -

　文章の最初は、目的と要約を簡潔かつ具体的に書いてください。ここで示した内容やキーワードを使って、各論を展開させてください。

効果 -

▷ 全文を読まなくても、主旨が伝わる
▷ どんなにせっかちな人でも、文頭は読んでくれる
▷ 概要だけ知りたい人は、先を読まなくてもよい
▷ 詳細を読み進める人には、理解の手助けになる

ディベート研修について（A）

2日間のディベート研修を受講しました。自社には同期入社が私を含めて2人しかおらず、動機の新入社員の方々と議論する機会はなかなかありませんでしたが、今回様々な業種から集まった多くの方々とグループを通じてさまざまな議論をすることが出来ました。

また他社の状況や業務方法等も伺うことが出来て、変刺激を受けましたし、自分の自社・仕事に対する認識・想いを再確認することができました。（略）

これでは、何を学んだのか、学習したポイントは何個あったのか、わかりません。※ BAD 例文にはあえて誤字・脱字が含まれています。

ビジネスディベート研修受講報告書（B）

（目的）2日間のビジネスディベート研修を受講いたしましたので、ご報告します。（要約）今回の研修で私が得たのは3つ、1.多角的視点、2.コミュニケーション、3.時間管理の大切さです。

— NG —

- 報告書（A）の文章は「結論から述べる」が守られていない
- 文章は全文読まれることはない
- 仕事のメールでも自分にとって必要がなかったり、関連が薄かったりしたら、途中で読むことをやめている
- 必要な情報や大切な情報を最初に書かないと、相手に伝わらない

まとめ

日記のように書くと、不要な情報が交じりがちになります。また、結論がない文章になる恐れもあります。報告書（B）のように「報告は結論から」を実践してください。

02

悪い文章は、情報が多すぎる。良い文章は、必要最低限の情報で相手に伝えている

POINT

必要最低限の情報で、相手に考えや方法などを伝達する

　相手が必要な情報だけで文章を書いてください。知っている情報を全部伝えようとしないでください。文章を読んだあと、その人は「次に何をするか」を考えて、情報の取捨選択をしてください。

効果 --

▷不要な情報がないので、早く読める、理解しやすい
▷必要な情報だけなので、大事な情報が記憶に残る

[設問]

**地図を見て、駅から病院までの道順を説明
してください。徒歩4分くらいです。自分
ならどう説明するかを考えてください。**

まず、1つ目の信号はそのまま直進してください。すると、左手側に映画館、
その右手にコンビニが見えてきます。そのコンビニの角を右です。コンビニ
はその先にもあるので、1つ目のコンビニだと覚えておいてください。コン
ビニを右手に曲がると、1つ目の角に、芸能人の実家があります。そこを左
です。次の角には、床屋と花屋がはす向かいにある交差点の信号を右、今度
は学校が見えてきま……（もう、覚えきれません）。

病院ですね。徒歩で4分くらいです。突き当たりを2回曲がれば着きますよ。
この道を突き当たったら右。同じくらい歩くと、また突き当たるので、今度
は左に曲がってください。すぐ右手に病院が見えます。

— NG —

- 自分が知っている情報を順番にすべて詳しく説明することが相手にとって
  も好ましいと、多くの人が誤解している
- 情報が多すぎると途中で記憶できなくなる

まとめ

**必要最低限の情報だけで説明してください。情報を減らすと、
わかりやすさが向上して記憶に残ります。この視点はプレゼン
テーションのときにも有効です。**

03

悪い文章は、話のポイントが何個あったかわからない。良い文章は、ポイントの数とキーワードが記憶に残る

番号付け（ナンバリング）、ラベリング（見出し付け）をする

- -

　文章を書く前に、相手に伝えたいトピックが何点あるかを整理してください。複雑な内容ならば、文章を書く前にロジックツリーなどで情報を整理してください。その際の意味の固まりが、7つを超えると覚えきれなくなってきます。

効果

- -

最初に「3つ」と書いてあると、しっかり3つ読み取ろうとする。書き手も「しっかり3つ説明しよう」と意識する。ナンバリングされていれば、何点あるか、記憶に残る番号の直後に見出しがあれば、キーワードも記憶される。

BAD

2日間のディベート研修を受講しました。自社には同期入社が私を含めて2人しかおらず、動機の新入社員の方々と議論する機会はなかなかありませんでしたが、今回様々な業種から集まった多くの方々とグループを通じてさまざまな議論をすることが出来ました。

また他社の状況や業務方法等も伺うことが出来て、変刺激を受けましたし、自分の自社・仕事に対する認識・想いを再確認することができました。

まず、つぎに、そして、さらに、加えて、また、などの接続語句で安易に情報をつないではいけません。

▼

GOOD

2日間のビジネスディベート研修を受講いたしましたので、ご報告します。今回の研修で私が得たのは3つ、1. 多角的視点、2. コミュニケーション、3. 時間管理の大切さです。

1、2、3……と番号付けをしてください。

— NG —

- 番号付けをしないと、読んだ人の記憶には残りにくい
- 読み手は主旨が何個あるかを理解するために、読み直しをする必要がある
- 情報を見つけられない恐れもある

まとめ

内容を記憶させたいなら、3つにポイントをしぼってください。また、ポイントが7つを超える場合は、階層化をしてください。

04

悪い文章は、情報のレベルや順番がばらばら。良い文章は、同じレベルの情報を同じ順で書いている

POINT

同種・同レベルで情報を揃えて書く

　ディベート研修で身についた3つのスキルの報告や、商品Aの3つの特徴などを書くときに情報を並列させて書きます。特に、同じ種類の情報を2つ以上、並列させて書く場合は表現だけでなく、分析や説明のレベルも統一してください。

効果 -

〔 読み手 〕
▷ 理解しやすい
▷ 誤解されない
▷ 読み飛ばせる

〔 書き手 〕
▷ 早く書ける
▷ 自分の言いたいことが伝わる

BAD

この研修ではグループで議論を頻繁に行いますので、自然に意見交換が出来ましたので、すぐにうち解けてて人脈を広げることができました。

自分ではできる方だと思っていたのですが、グループで議論を行って意見を集約し、意思統一を行う作業は予想以上に大変でした。

✕

```
―――――――――
――――、
――――――。
グループで議論――、
――――――、
――――コミュニケーショ
ン――。今後の業務では、
―――――――――
――――――――
```

GOOD

①多角的視点とは、様々な立場から問題を見ることです。／②演習問題や試合を通じて、自分自身この多角的視点がまだ身についていないことを痛感しました。／③私は、自分に都合の良い方、簡単な方から物事を考える傾向があるので、うわべだけの議論・水掛け論をよくしていました。／④今後の業務では、次回の方針決定会議において、賛成論、反対論の根拠をしっかり受け止め、三角ロジックで根拠を書き出して、比較検討することを徹底したいと思います。

⭕

```
①多角的視点とは、――
――――②
―――――③
④今後の業務では、――
```

①コミュニケーションとは、組織の中での意思伝達と合意形成です。／②グループで意見を集約する作業は予想以上に困難でした。／③施設内の禁煙についてグループで議論したときは、論理よりも感情が先走り、本質的な議論が深められませんでした。／④今後の業務では、……

```
①コミュニケーションと
は、――――②
―――――③
――④今後の業務では、――
```

①要約文　②事実
③理由づけ
④業務での実践方法

NG

- 「文章が単調になるから、同じ紋切り型を繰り返すな」と教わっている人が多い
- しかし単調に書いた22ページの受講報告書（B）のほうがわかりやすく、記憶にも残る

まとめ

同じレベルの情報を、同じ配置、順番で繰り返して書いてください。その際の接続語句や文体・表現も統一してください。

05

悪い文章は、要約文がない。良い文章は、要約文を段落の先頭に書いている

POINT

段落の先頭に要約文を書く

　キーワードを主語に、その段落の情報を総括してください。そのとき、要約文は簡潔かつ具体的に書いてください。

効果

▷段落の先頭文を読めば、その段落の概要や結論が理解できる
▷段落の先頭文だけを続けて読めば、文章全体の主旨が理解できる
▷結論を意識して、確認しながら読める

この研修ではグループで議論を頻繁に行いますので、自然に意見交換が出来ましたので、すぐにうち解けてて人脈を広げることができました。
自分ではできる方だと思っていたのですが、グループで議論を行って意見を集約し、意思統一を行う作業は予想以上に大変でした。

実際の業務においてコミュニケーションが不十分で重要事項が伝達されていなかったり、意思統一がなされていないと大変な事態を招きかねません。タバコがディベートのテーマだった時などは個人の好悪感情が表出して感情的な議論になり、意見集約に時間が掛かりました。

先頭に要約文がありません。事実から書き始めないでください。事実や経緯から結論を導いたプロセスをそのまま文章にするのではなく、結論から事実・経緯の順で書いてください。

多角的視点とは、様々な立場から問題を見ることです。演習問題や試合を通じて、自分自身この多角的視点がまだ身についていないことを痛感しました。（略）

コミュニケーションとは、組織の中での意思伝達と合意形成です。グループで意見を集約する作業は予想以上に困難でした。施設内の禁煙についてグループで議論したときは、論理よりも感情が先走り、本質的な議論が深められませんでした。（略）

先頭の要約文だけ読めば、主旨が明確に理解できます。

— NG —

- 要約文が先頭にないと、全文を読まないと主旨や結論がわからない
- 結論がわからずに読み進めると、結論にたどり着いたとき、前半の情報を忘れている
- 忘れるともう一度読み直す。読み直しは時間の無駄

まとめ

段落の先頭は、結論や要約文を書いてください。2文目以降は、その結論や要約文を支える情報をつなげてください。

06

悪い文章は、1文が長い。良い文章は、1文が短い

POINT

短い文を心がける

- 1つの文では1つの事柄だけ書く。
- 異なる内容の文を「が、」「り、」「し、」「て、」「と、」「れ、」などで、不必要につなげて書かない。
- 情報がつながっていないなら、単純に文を切る。
- 情報がつながっているなら、前後の情報の関係がわかるように明確につなぐ。

効果

▷ 1文が短くなるので、理解しやすくなる
▷ 1文が短くなるので、記憶に残る

BAD

国や自治体が、出会いを提供する企業を認証し、若者が安心して参加できるようにすると、参加者からカップルが生まれ、ひいては結婚に繋がるケースも考えられる。

1文が長いと、読み終えたら内容が思い出せなくなります。

GOOD

国や自治体が、出会いを提供する企業を認証すべきだ。認証があれば、若者が安心して参加できるようになる。参加者が増えると、カップルができ、結婚するケースも考えられる。

短い文を心がけてください。前の文のキーワードを次の文の先頭にも置いてください。

NG

● 話すように書いてしまうと、文と文のつながりがあいまいになる
● 会話の場合は、そもそも情報と情報のつながりの検証が甘くなる
● 1文が長いと主語・トピックが途中で変わってしまうことがある

まとめ

短い文を心がけてください。詳しく説明をしたいときは、語句の修飾を増やすのではなく、文を分けて説明をしてください。なお、文を分けた場合は、次の文の先頭に主語やキーワードを補わないと、情報のつながりが悪くなる場合があります。

07

悪い文章は、冗長な表現や曖昧な説明がある。良い文章は、簡潔にわかりやすく書いている

POINT

回りくどい表現を使わない
不要な情報は書かない

冗長な表現　①自問自答するような書き方はしない
　　　　　　　②同語反復しない
　　　　　　　③難読漢字・慣用表現を多用しない

不要な情報　①目的に即した情報だけで構成する
　　　　　　　②読み手が知っている情報は省略する

効果

▷一読で理解、記憶できる
▷誤解されない

BAD

理想と現実の乖離が進む少子化問題は、様々な側面から、アプローチをすることが可能であり、各自治体ごとに最適な対策の検討を行い、地域特性に即すことが肝要であることは言うまでもない。

GOOD

理想と現実の差が拡大している少子化問題は、様々な側面から対策がとれる。対策は、地域特性に配慮して、自治体ごとに最適化を図ることが大切である。

NG

- 難しい漢字は読めないだけでなく、誤解させてしまう恐れもある
- 冗長な表現は読むのに時間がかかる
- 曖昧な説明は結局何が言いたいのかを理解するのに時間がかかる

乖離、肝要	読めない、意味がわからない恐れ
することが可能	冗長表現。「できます」と同義
各自治体ごと	同語反復　「各」か「ごと」のいずれか
検討を行い	「検討を行う」ではなく、「検討する」と書く
	行うは、2つ以上の場合のみ使用する
	「AとBを行う」と書く
言うまでもない	なくても意味は変わらない

まとめ

話すように書くと無駄が多くなります。内容を理解するために読み手に頭を使わせてはいけません。読み手には内容の検証と次の一手を考えるためにだけ、頭を使わせるように書いてください。

— PART 2 —
文章を書く前の整理方法

文章を書く前に情報を効果的にまとめる方法を学びます。とりわけ、文章のねらいは何かを把握したうえで、必要な情報を書き出したり、調査したりするところから、要旨をまとめ、説明する順番を検討します。文章の品質向上に一番大切なロジックの組み立て方を学びます。

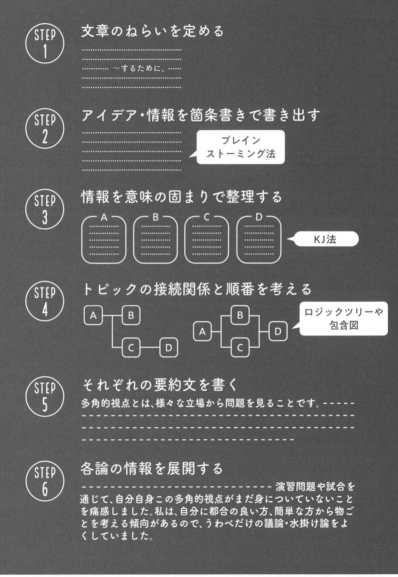

STEP 1

文章のねらいを定める

〜するために、……

STEP 2

アイデア・情報を箇条書きで書き出す

ブレイン
ストーミング法

STEP 3

情報を意味の固まりで整理する

A　　B　　C　　D

KJ法

STEP 4

トピックの接続関係と順番を考える

A—B
C—D

A—B
—C—D

ロジックツリーや
包含図

STEP 5

それぞれの要約文を書く

多角的視点とは、様々な立場から問題を見ることです。- - - - -

STEP 6

各論の情報を展開する

- 演習問題や試合を
通じて、自分自身この多角的視点がまだ身についていないこと
を痛感しました。私は、自分に都合の良い方、簡単な方から物ご
とを考える傾向があるので、うわべだけの議論・水掛け論をよ
くしていました。

STEP 1

文章のねらいを定める

POINT

なぜとだれを考えて、ねらいを明確にする

- -

[なぜ]

● **自分から発信するとき**

　読み手にしてほしい思考や行動は何かを、意識してください。そして、そのために必要な情報は何かを、より具体的に考えてください。

● **相手から依頼をされたとき**

　依頼者が、あなたが作成する文章によって何を達成したいのか（活用目的）を確認してください。そして、そのために必要な情報は何かを、より具体的に考えてください。

[だれ]

　相手の知識や保有情報を確認してください。相手に確認できない場合は周辺情報から推定してください。知識前提が違えば専門用語が使えない場合もあります。また、説明する内容の深さも変わってきます。

　例えば、会計のプロ相手に書くのなら、BS、PL、CF で伝わります。専門知識がない場合は、その言葉を最初に説明する必要があります。

[ねらい]

　単なるテーマ・トピックを記述するのではなく、その文章によって何を達成したいのかを具体的に書いてください。

ねらい：
①少子化について書く
②歩きスマホについて一考察
③レジ袋税について再度考える
④新技術をご案内する
⑤業務改善書についてまとめる
⑥企画書、見積書を適切に作る

これでは、単なる
作業リストです。

ねらい：
①少子化問題の原因を究明して、自分の解決策を述べる
②—1　　歩きスマホの有効な抑止策を紹介する
　—2　　　　　　〃　　　　　　　提案する
　—3　　　　　　〃　　　　　　　募集する
　—4　　　　　　〃　　　　　　　検討する

「紹介、提案、募集、検討」と目的が違えば、書く内容は大きく異なります。
目的が確認不足だったり、ブレたりしている人は多いです。

③レジ袋税導入後、その効果と課題を検証する
④新技術の提案をして、お客様へのサービス向上を図る
⑤納期遅れが多い取引先Aに対して、業務改善に一緒に取り組むことを提
　案する
⑥サービス品質を維持した企画書を作り、最安値で見積書を出す

通常は、悪い例（BAD）の形で作成を依頼されます。その依頼を自分で良い
例（GOOD）の形に置き換えることが大事です。

まとめ

ねらいが具体的で明確になっていれば、文章だけでなく仕事の
質も向上します。書くことにより思考が整理できます。また、
依頼者に、この文章によって何を達成したいのかを確認してく
ださい。

STEP
2

アイデア・情報を箇条書きで書き出す

POINT

必要性や目的などに即して、アイデア・情報を箇条書きで書き出す

　前項で確認したねらいを意識して、必要な情報を箇条書きで書き出してください。自分ひとりで書き出せない場合は、上司や同僚に支援をしてもらい、一緒にアイデア出しをしてもらいましょう。このとき、ブレインストーミング法を活用すると、効率が上がります。

　自分ひとりで完結しなければならない場合は、過去の類似資料に目を通したり、インターネットなどでリサーチをしたりしてください。ただし、過度な収集は遅延と混乱を招きます。

ひとりでのアイデア出し
①周辺情報まで広げて書き出す、調べる
②頭の中であれこれと思考を巡らせる
③詳細状況、細かいところまで書き出す、調べる

複数でのアイデア出し
①上司や同僚の手が空くまで待つ
②他者の意見を否定する
③他人を気にして、良い意見を出そうとする
④実現可能性を考えて、話を広げない
⑤自分の考えだけをそれぞれが述べる

ひとりでのアイデア出し
①ねらいに即したアイデアを出す
②簡潔かつ具体的に箇条書きをする
③少し不足しているかもしれないくらいの情報で、次のステップに移る

複数でのアイデア出し
①ひとりで思いつく限りのことをまず書き出しておく
②批判しない
③質より量を意識する
④どうすればできるかは、あとで考える
⑤人の意見に上乗せしてアイデアを出す
　（人のふんどしで相撲をたくさん取る）

まとめ

アイデア出しをするときは、以下の3点に注意してください。
①3せず：批判せず、深掘りせず、詳細説明せず
②便乗：アイデアを互いに高め合う、キーワードで話を連想させる
③質より量：実現可能性や他人の評価は無視

STEP 3

トピックごとに情報を整理する

POINT

情報の類似性で分類する。分類した集合に見出しをつける

- -

　書き出した情報を正しく分類・見出しづけをするために、KJ法※などを活用して整理してください。

分類

　情報を共通点で分類して、同じ種類の情報でまとめてください。分類するときは、1つの意味の固まりは、7つ以内にしてください。超過した場合は、2重包含図を作ったり、ロジックツリーの階層を増やしたりしてください。

見出し付け

　分類した情報に要約・トピックをつけてください。集めた情報のキーワードをみて、「これらをまとめて何と呼ぶか」を考えてください。

　一度分類した情報でも、再分類したり、見出し付けをし直したりしてください。

※ KJ法：文化人類学者の川喜田二郎氏が開発した発想法。収集した情報を相互の親和性により統合し、ポイントを明確にする手法。

育児費用の増加
　育児休暇制度不備
　初婚年齢の上昇
　学費の増大

結婚しない人の増加
　出会いがない
　お見合いが廃れた
　若者が消極的
　将来の収入不安
　経済的負担
　老後の生活費

育休暇制度不備
　男性の支援不足
　キャリアの中断
　仕事が忙しい
　将来の収入不安

これでは見出し情報が並列になっていません。また、分類も不適切です。

晩婚化
　女性の社会進出
　仕事が忙しい

結婚しない人の増加
　若者が消極的
　お見合いが廃れた
　出会いがない

結婚しても子どもはいない
　不妊
　キャリアの中断
　将来の収入不安
　老後の生活費
　育児休暇制度不備

結婚しても子どもは少ない
　保育園に入れない
　学費の増大
　育児費用の増加
　男性の支援不足

上記の良い例が唯一絶対の分類、見出し付けではありません。ある程度まで分類したら、次のステップに進んでください。ここにこだわりすぎると、時間ばかりが過ぎてしまいます。

STEP 4

トピックの接続関係と順番を考える

POINT

前項でまとめたトピックどうしの情報レベルと接続関係を整理する

- -

　情報レベルと相互の接続関係をロジックツリーや包含図や、フロー図などで整理してください。

　レベル　：上位概念・下位概念
　接続関係：因果などの縦つながりと種類などの横並び

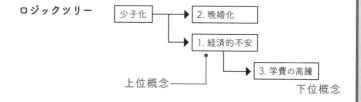

ロジックツリーは、単なる形式ではありません。「1. 経済的不安」は「3. 学費の高騰」と情報が並列していません。学費の高騰は、経済的不安の要因の1つだからです。

並列しない情報は下記のように、階層を増やすと正しく分類・構造化ができます。

並列NG

情報の並列は上下だけでなく、縦と横の接続関係にも注意する必要があります。

縦つながり接続
少子化の原因は、初婚年齢の上昇（A）に伴い、結婚しない人が増加した（B）ことにある。

横並び接続
少子化の原因は、初婚年齢の上昇（A）と結婚しない人が増加した（B）ことの2つである。

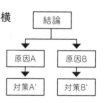

原因と対策は呼応させる
OK：保育園が足りない、子育てにはお金がかかる。だから、保育園を増やす、減税する
NG：産休や育休がとれない、夫の支援不足。だから、出会いを作る、意識を変える

まとめ

キーワードとその数、順番を変えないでください。

STEP
5

それぞれの要約文を書く

POINT

キーワードを主語にして、その段落の概要が伝わるように書く

- -

　全文を読まなくても7割くらいの意味が伝わるように、段落の先頭に要約文を書いてください。要約文は、その先を読み進める人に向けて、情報展開の助けになるように、キーワードと論理構成を意識して、簡潔かつ具体的に書いてください。

※本項と次項（ステップ5、6）は、厳密には「考える」の次「書く」フェーズに踏み込んでいます。しかし、要約文を書くことでより思考が深まると考えて、これらも「考える」フェーズに含めます。

少子化の原因
1. 保育園に対する問題がある。
2. 出産・育児などの制度に対するものが問題だ。

歩きスマホの原因
3. ハワイでは罰則付きの歩きスマホ禁止の条例がある。

> キーワードだけでは、曖昧すぎて、理解できません。また、事実も要約文ではありません。上記の3つはいずれも要約文ではありません。

少子化の原因
1. 保育園の絶対数の不足と開園時間の短さが、子どもを持つことをためらわせている。
2. 育児休暇制度の運用の低さが、少子化に拍車をかけている。

歩きスマホの原因
3. 危険であることがわかっていてもやめられないことが、歩きスマホがなくならない理由である。

原因に呼応させて要約文を書く

少子化の対策
1. 小規模保育園の推進や保育時間の延長等により、育児不安を払拭すべきだ。
2. 男女ともに、産休・育休の取得を義務とする法を整備すべきだ。

歩きスマホの対策
3. 罰則付きの条例で歩きスマホを禁止すれば、抑止効果が高まる

> このように原因と対策が適切に呼応していれば、わかりやすく、記憶にも残りやすくなります。

まとめ

要約文を書くことにより、思考が整理されます。

STEP 6

各論の情報を展開する

POINT

要約文に肉付けするように、各論の情報を展開して書く

要約文・結論を説明するために、主張を詳しく説明したり、根拠を展開したりしてください。**根拠とは、事実・データ、理由、比喩・言いかえ**などです。その段落のトピックや要約文から離れた情報を書いてはいけません。

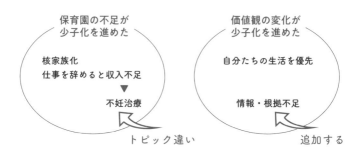

要約文から離れた情報を展開した例

保育園の数が不足しているため、預けることができない。子どもがいる共働きの家庭にとって、仕事をしている間は子どもをどこかに預けるほかない。ただでさえ、子育てにはお金がかかるのに、預けられなければ仕事をやめるしかない。また、不妊治療の支援不足も問題である。

保育園と不妊治療は別トピックです。

保育園の絶対数の不足と開園時間の短さが、子どもを持つことをためらわせている。（主張・結論を詳しく説明）共働きの場合、子どもを預けないとフルタイムで働き続けられない。（事実1）しかし、いまだに保育園の絶対数は不足したままだ。（事実2）また、認証保育園の場合は、日曜や祝日、夜勤勤務者は、ほぼ預けられない。（理由づけ・考察）このように保育園の量と質の不足が、働き方の制限や離職を恐れる気持ちにつながり、少子化を進行させている。

ロジカルシンキングが苦手な人は、考察が書けないことが多いです。良例のように明確に書いてください。

まとめ

事実の列挙だけでは、説明が足りません。理由づけ・考察も明確に書いてください。事実の列挙だけでは読み手を納得させられません。うまく考察が書けない場合は分析をしなおしてください。

章立て・目次の作り方

　30秒で読み終わる文章・情報量ならば、書き方や展開の順序がおかしくても、多くの場合は読み手が解釈を加えて理解してもらえます。しかし、30秒を超えたり、８つ以上の情報を列挙したりする場合は、相手に伝わり難くなります。こんなときは、前述のロジックツリーや包含図などを活用して、情報を上下の概念で括り、意味の塊を小さくしてください。

　このコラムでは、長文を書く際の章立てや、目次の作り方を紹介します。以下、最近話題の津本式究極の血抜き「熟成魚を仕立てる手順」を題材に構成を検討してみます。魚の処理方法なので、情報は大事な順ではなく、時系列で説明する必要があります。熟成魚を仕立てるには、皮目の血合い筋の血を抜くことが必要です。最後に究極の血抜きそのものを訴求・プレゼンテーションをする際に追加すべき視点を紹介します。

A：熟成魚の仕立て方 （原文：時系列で列挙）

1. 脳締め・神経抜き・冷やし込み
2. エラ膜切り
3. 尾に切れ込み
4. 神経穴ノズル
5. 動脈ノズル
6. 究極の血抜き（ホースで腎臓に真水）
7. エラ取り
8. 開腹
9. 内臓処理
10. 血合い処理
11. 立て掛け
12. 紙包み
13. 袋詰め
14. 冷水保存（寝かせ）
15. 熟成

　いくら時系列でも、上記Aのように15個も情報があると覚えきれません。また、括弧書きで情報が追加されているので、さらに混乱させています。このような場合、読んでいる瞬間は、その前後の内容を記憶していますが、読み終わった時点で先頭の情報を忘れ始めてしまいます。

　そこで、手順を大項目と小項目に分類して1つの情報の塊を4つを最大に整理しました（B参照）。この大項目がいわゆる章立て、小項目が節立てに相当します。次頁のBのように、総項目数は増えても項目

を細分化すると、情報が理解しやすく記憶にも残りやすくなります。

B：熟成魚の仕立て方（2階層：本の目次）

1．締める（大項目：上位概念・着眼点）

1）脳締め（小項目：下位概念・具体的行動）

2）神経抜き（〃）

3）冷やし込み（〃）

2．切断

1）エラ膜切り

2）尾に切れ込み

3．究極の血抜き

1）神経穴ノズル

2）動脈ノズル

3）ホースで腎臓に真水

4．内臓処理

1）エラ取り

2）開腹

3）内臓処理

4）血合い処理

5．脱水

1）立て掛け

6．熟成
1）紙包み
2）袋詰め
3）冷水保存
4）寝かせ

　プレゼンテーションの場合は、Ｂでは情報が多すぎます。シンプルなＣをおすすめします。

Ｃ：熟成魚の仕立て方（1階層：キーワードを強調して、覚えてもらう）

1．締める
2．切断
3．究極の血抜き
4．内臓処理
5．脱水
6．熟成

　総論の要約の見本を次のＤで示します。キーワードを見出しにして、そのステップですべきことを加えました。全文を読まなくても、要約のパートだけ読めば概要がつかめると思います。

　なお、以下の説明は、津本式の内容を理解していないと、文言の修正・補足はできません。文章を書く人は、詳細を理解しているので、情報を補足して要約が書けるはずです。

D：熟成魚の仕立て方（要約の例）

津本式究極の血抜き「熟成魚の仕立て方」の手順

1. 締める : 脳締めと神経抜き、冷やし込みで、エネルギーを魚に残す

2. 切断 : 締めた魚のエラ膜の奥の腎臓と血管の切断と尾に切れ込みを入れることで、血抜き準備する

3. 究極の血抜き : 切断した場所にホースを当て腎臓に真水を入れることで、臭みと腐敗の原因となる皮目の血合筋の血を抜く

4. 内臓処理 : 腎臓などを取り出すときに、切り口を最小化することで、腐敗を抑止する

5. 脱水 : 処理のできた魚の頭を下にして立て掛けることで、余分な水分・残った血を排出する

6. 熟成 : 排出できたら、紙包みと袋詰めをして、冷水保存する

書き方統一：①小見出し・キーワード：要約文
   ②文頭に手段、文末に目的
   ③接続語句の統一：で、

　上記なら、6つのステップとともに、どのような手順で仕立てるかが理解できたでしょう。しかし、初めてこの内容に触れる人に、たとえば以下のように詳細を加えると、むしろ情報が多すぎて相手を混乱させてしまいます。

E：まとめの例（D ＋ 詳細の箇条書き）

津本式究極の血抜き「熟成魚の仕立て方」の手順

１．締める 　　 ：下記３つの方法で、エネルギーを魚に残す
　　　　　　　　 １）脳締め
　　　　　　　　 ２）神経抜き
　　　　　　　　 ３）冷やし込み

２．切断 　　　 ：エラ膜の先にある腎臓と血管の切断と尾に切れ
　　　　　　　　 込みを入れることで、血抜きの準備をする
　　　　　　　　 １）エラ膜（腎臓と血管）切り
　　　　　　　　 ２）尾に切れ込み

３．究極の血抜き：切断した場所にホースを当て腎臓に真水を入れ
　　　　　　　　 ることで、臭みの原因となる皮目の血合いの血
　　　　　　　　 を抜く
　　　　　　　　 １）神経穴ノズルで水
　　　　　　　　 ２）動脈ノズルで水
　　　　　　　　 ３）ホースで腎臓に水

４．内臓処理 　 ：腎臓など取り出すときに、切り口を最小化する
　　　　　　　　 ことで、腐敗を抑止する
　　　　　　　　 １）エラ取り
　　　　　　　　 ２）開腹
　　　　　　　　 ３）内臓処理
　　　　　　　　 ４）血合い（腎臓）処理

5 . 脱水　　　　：頭を下にして立て掛けることで、余分な水分・残っ
　　　　　　　　　た血を排出する
　　　　　　　　　1）立て掛け

6 . 熟成　　　　：紙包みと袋詰めをして、冷水保存する
　　　　　　　　　1）紙包み
　　　　　　　　　2）袋詰め
　　　　　　　　　3）冷水保存
　　　　　　　　　4）寝かせ

　内容を理解させたいのならば、Dを使うのがベストでしょう。し
かし、本の目次ならBをお勧めします。Eのタイプは、最後に復習
をするときのまとめとして活用してください。読み手のニーズや書
き手の目的に即して、ベストな表現を選択してください。

プレゼンテーションの場合

　最後に、究極の血抜きをPRするプレゼンテーションならば、今
回活用した「段取りの説明」の前に、ユーザーの利点、従来の方法
と比較して何が優れているのかの説明や、採用・導入のしやすさを
説明してください。

利点　　　　：血生臭くない魚が食べられる
　　　　　　　　死んだ魚でも血が抜け、熟成できる
優位性　　　：賞味期限が延びる＝フードロスの低減
実行しやすさ：ホース1本あればできる

　特に、上述の利点を感じられなければ、今回例示した「津本式究

極の血抜きの手順」を知ろうとは思わないでしょう。

　また、従来の方法では、「賞味期限が短い、生臭さを嫌って魚離れが進んでいる」と現状や問題点を述べたい場合は、総論の目的のパートにその旨を記載してください。その説明が長くなる場合は、各論で詳細を説明してください。

　なお、プレゼンテーションの目次はキーワードを覚えてもらうために、Cを使ってください。

PART 2 まとめ

01 ねらいを定める「だれ」と「なぜ」

02 箇条書き

学費の増大

自動費用の増加

男性の支援不足

晩婚化

若者が消極

老後の生活

育児休暇制度不備

仕事が忙しい

保育園に入れない

結婚しない人の増加

結婚しても子どもはいない

結婚しても子どもは少ない

不妊

キャリアの中断

女性の社会進出

核家族化

お見合いが廃れた

出会いがない

将来の収入不安

03 意味の固まり

┌─ 1. 晩婚化 ─
1) 女性の社会進出
2) 仕事が忙しい
└─

┌─ 2. 結婚しない人の増加 ┄┄┄┄
1) 若者が消極的
2) お見合いが廃れた
3) 出会いがない ●
└┄┄┄┄

┌─ 3. 結婚しても子どもはいない ─
1) 不妊
2) キャリアの中断
3) 将来の収入不安
4) 老後の生活費
5) 育児休暇制度不備
6) 核家族化
└─

┌─ 4. 結婚しても子どもは少ない ─
1) 保育園に入れない
2) 学費の増大
3) 育児費用の増加
4) 男性の支援不足
└─

文章を書く前に論理構成を考えてください。
1. だれに、なぜ説明するのかを確認してください。
2. 目的に即して、箇条書きでキーワードを書き出してください。
3. そのキーワードを活用して、意味の固まり・トピックを導き出してください。
4. そのトピックの接続・構成を考えてください。
5. 接続と構成に注意して、全ての要約文を書いてください。特に、前の要約文と
   つないで読めば、文章の流れと全体像が伝わるように、書いてください。
6. 各論での情報展開は、2で書き出した情報やアイデアを適切に接続させてく
   ださい。そもそも箇条書きの情報がうまく配置できない場合は、情報の分類
   が間違っているか、目的に沿わない不要な情報かもしれません。

04 構造と順番

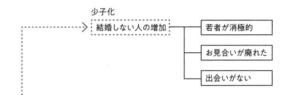

少子化
結婚しない人の増加 ── 若者が消極的
           ── お見合いが廃れた
           ── 出会いがない

05 要約文を書く

出会いのなさが、結婚しない人を増やした。
キーワードを先頭に要約文

06 情報展開

出会いのなさが、結婚しない人を増やした。
**その理由は、お見合いが廃れただけでなく、
若者が消極的だからである……**

— PART 3 —
文章作成時の
注意点

前章で作成した論理構成を、文章へ落とし込んでください。

1. ワンドキュメント・ワンテーマ（文章） ——————
   1つの文章では、1つのテーマだけを書く

2. ワンパラグラフ・ワントピック（段落） ——————
   1つの段落では、1つの話題だけを書く

3. ワンセンテンス・ワンアイデア（文） ——————
   1つの文では、1つの事柄だけを書く

4. ワンワード・ワンミーニング（単） ——————
   同じ意味なら、同じ単語を使って書く

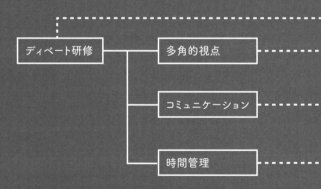

この章では、文章全体の構成から、段落の作り方、文、単語の順で注意すべきルールを学習します。

―――― 最初だけ読めば概要が理解できるように書く
　　　　必要最低限の情報で相手に伝わるように書く

―――― ポイントの数とキーワードが記憶に残るように書く
　　　　同じ種類とレベルの情報を同じ順で書く

―――― 要約文を段落の先頭に書く
　　　　文を短く書く

―――― 簡潔に、正しく書く

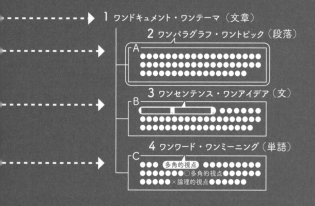

意味の含有率

　前項で、ロジックツリーから文章に落とし込むときの視点、文章、段落、文、単語の関係を確認しました。ここでは、文章の構成である「総論、各論、まとめ」と意味の含有率の関係を説明します。

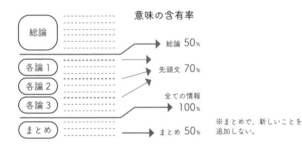

　総論にすべての内容を詰め込んで書いてしまう人がいます。これでは、いきなり詳しい各論が始まってしまいます。つまり、総論がない文章と同じです。

　総論では、文章全体で伝えようとしている情報の50％を書いてください。最初から詳しすぎる説明をすると、33ページの道案内のように、相手を混乱させます。

　次に、段落の先頭の要約文で、70％を書いてください。段落の先頭文だけ読めば、より詳しい情報が手に入れられるように書いてください。

　まとめの前までで、情報を100％にします。まとめは、基本的に要約の段落の情報を繰り返してください。まとめで新しい情報を付け足してはいけません。また、総論で述べていない結論を導いてはいけません。

1. ワンドキュメント・ワンテーマ

 文章

段落

文

単語

1つの文章では1つのテーマだけを書く

ここでは、文章全体の内容構成や書き出し部分のルールを詳しく学習していきます。段落の集合が文章です。

 特徴1
悪い文章は、全部読まないと主旨がつかめない。良い文章は、最初だけ読めば概要が理解できる

1.1 最初だけ読めば結論や概要が伝わるように書く

①結論や大事な情報から書く
②最初の30秒で読めるように目的と要約を書く
③目的の段落で何を読み取ってほしいかを書く
④要約の段落は内容を総括して書く
⑤タイトルは手段＋トピック＋目的で書く
⑥階層ごとに総論を書く

 特徴2
悪い文章は、情報が多すぎる。良い文章は、必要最低限の情報で相手に伝えている

1.2 必要最低限の情報だけで書く

①誰が読むのかを考えて情報を取捨選択して書く
②用語解説などは各論で書く
③総論で述べていないことを各論で書かない
④まとめは主旨だけを繰り返して書く

01

結論や大事な情報から書く

POINT

読み手の興味・関心を高めるために、結論や大事な情報から書く

　詳しすぎる前置き、思考のプロセスを再現して、書いてはいけません。なぜなら、文章の目的や結論が誤解されやすくなります。また、相手が最後まで読んでくれる保証もありません。

　日々目にしているメールでは、タイトルと発信者を見て、ジャンクメールなのか、仕事で必要なメールなのかを判断しています。ジャンクでなかったとしても、すでに知っていることであったり、自分の仕事とは関係が薄い内容であったりした場合は、最後まで読まず、途中で読むことを止めているはずです。

　例えば、前半がすでに説明された内容の繰り返しで、後半にのみ新しい情報が書いてあった場合は、新しい情報を読み落とされる可能性が非常に高くなります。

効果

▷ **全文読まなくても、短時間で主旨が理解できる**
▷ **不要な情報が邪魔をしないので、誤解されにくい**

受講者の皆さまへ

　オンラインでのロジカルライティング研修日が近づいて参りました。最終のご連絡を差し上げます。以下の内容を再度、ご確認ください。
1. 日時：X 月 18 日 -19 日　9：00-18：00（変更なし）
2. カリキュラム：再度添付（変更なし）
3. ログイン方法：「受講のハウツー」を再度添付します。
　特にログイン名をご確認ください。不正アクセス防止のため、このルールに沿っていないログイン名は入室許可できません。
　※ログイン名は、前回のご案内より一部変更になっております。詳しくは添付を参照してください。（以下略）

受講者の皆さまへ

　オンラインでのロジカルライティング研修日が近づいて参りました。このメールの添付ファイルに前回からの変更点をご案内しています。必ず、ご確認ください。

変更点：ログイン方法を「氏名に日付を加える」に変更
　　　　これまで：漢字で氏名
　　　　変更後　：漢字で氏名＋研修日を数字 4 桁
　　　　　　　　　例：別所栄吾 0718

※以下は以前のご案内と同じです。変更ありません。
　日時：X 月 18 日 -19 日　9：00-18：00
　カリキュラム：再度添付（以下略。ここでは添付はすべて省略）

まとめ

結論や大事なポイントは最初に書いてください。また、全部添付で確認してもらうのではなく、要旨だけはメール本文に書いてください。添付に気づかない人もいます。

02

最初の30秒で読めるように目的と要約を書く

POINT

最初の7文程度に、目的と要約（総論）を書く

　目的では、なぜ、この文章を読む必要があるかや、読み終えた後にしてほしい行動などを明確に書いてください。要約は、その目的に即した結論を一言で書き表したり、その後、各論で説明する大切な情報やキーワードを提示したりしてください。

　この目的と要約の2つを総論と呼びます。長い文章ならば、目的と要約でそれぞれ段落を作ってください。短い文章ならば1つの階層で目的と要約をそれぞれ1文ずつまとめることもあります。

効果

▷最初だけ読めば、文章を全部読まなくても、主旨が相手に
　伝わる

2日間のディベート研修を受講しました。自社には同期入社が私を含めて2人しかおらず、動機の新入社員の方々と議論する機会はなかなかありませんでしたが、様々な業種から集まった多くの方々とグループを通じてさまざまな議論をすることが出来ました。

また、他社の状況も伺うことが出来て、変刺激を受けましたし、自分の自社・仕事に対する認識・想いを再確認することができました。

これでは日記です。何を学んだのかは、繰り返し読まないと理解できません。

2日間のビジネスディベート研修を受講いたしましたので、ご報告します。今回の研修で私が得たのは3つ、1. 多角的視点、2. コミュニケーション、3. 時間管理の大切さです。

先頭文に、ディベート研修を受講した「報告」であることが明確に書かれています。2文目に要約として、学習して得られたスキルが3つのキーワードとともに書かれています。

まとめ

文章の最初に、目的と要約を書いてください。文章をすべて読まなくても、段落を最初から2つ読めば文章の目的や結論がわかるように書いてください。

03

目的の段落で何を読み取ってほしいかを書く

POINT

目的の段落では、現状・背景、問題点・必要性、そして達成目標を書く

- -

　現状とは、いま起こっている事柄、背景とは、そもそもの経緯です。両方書く場合もあれば、片方だけの場合もあります。

　それに続けて、問題点として、発生している問題、課題や困っている状況を書きます。問題解決を求められていない場合は、何のために、この情報を書き、まとめているか、読み手に何を期待しているかを書いてください。この場合も問題点と必要性の両方を書く場合もあれば、片方だけの場合もあります。

　最後に達成目標として、トピックと目的語を書いてください。「○○を××する」：○○がトピック、××が目的語です。

効果

- -

▷ 何を読み取ればよいかが30秒以内に理解できる

▷ その先の詳細を読み進めるときの手助けになる

・街づくりディスカッション「どうする ABC 川河川敷 !?」
・参加のお願いが届いた方はぜひ参加してください！
・無作為に 1500 名の方に案内状を出しています。
・話し合いの前に、専門家から情報をお伝えします。
・市民討議結果は、取りまとめて市長に提案します。

突然箇条書きされても、理解できません。

現状・背景

この 10 年ほど、ABC 川の河川敷でバーベキュー等の利用によるゴミや悪臭、騒音に近隣住民からの苦情が寄せられていた。

問題点・必要性

ゴミの不法投棄に伴うカラスの集結、夜間の花火、特にバーベキューによる臭害等の諸問題が現在も発生している。

達成目標（～を××する）

これらの問題を解決すべく、市民討議会を実施して、解決策を市長へ提案する。

悪例には情報がないので、報告書より内容を調査して記載しました。

まとめ

文頭の段落を 2 つ読めば、文章をすべて読まなくても、目的や結論がわかるように書いてください。そのために、書き出しは現状・背景、問題点・必要性、達成目標の順に書いてください。この順番で情報を展開するとストーリー性が生まれるので理解しやすく、また記憶に残ります。

04

要約の段落は内容を総括して書く

POINT

要約の段落は、文章を全部読まなくても概要がわかるように、結論や重要な情報を書く

　要約の段落では、結論・要約文から書き始めてください。2文目は、それを支える重要な情報・キーワードをつなげてください。さらに、今後の課題があるなら、その段落の最後に書いてください。

　総論は、前項で説明をした目的の段落と要約の段落の2つで構成してください。内容により、要約の段落のほうが目的の段落より長くなる場合があります。いずれの場合でも、なるべく簡潔に書いてください。

効果 --

▷ 概要だけを知りたい人や読み直した人が、短時間で内容を理解・確認ができる
▷ 各論を読み進める人が、大事な情報・キーワードを意識するので、理解の手助けになる

BAD

保育所の不足により、女性が出産後も働き続けることが難しい。それに伴う世帯収入の減少が学費など子育て費用がかかる金銭的不安も助長しており、子どもを持つことに消極的になっている。国は保育所、保育士の拡充を行い、出産後も働き続けられる環境の整備が必要である。また、大学等の学費が高騰していることも子どもを持つことをダブルパンチでためらわせている。これ軽減をするために、奨学金御減免等の金銭的援助を行ない、保育園と同様に子どもを持とうとすることに対する不安を取り除くべきである。

先頭に要約文がありません。また、原因のキーワードがあちらこちらに散りばめられているので、探しながら読むことを強いられます。読んでいるときはわかっても、すぐ忘れてしまいます。

GOOD

少子化の原因と対策
保育所不足と金銭的不安が原因なので、保育所の拡充だけでなく、学費の援助もすべきだ。現在は、保育所の不足により、出産後の復職が難しい。復職できないことは世帯収入を不安にさせるだけでなく、その後の子どもの教育費への連動する不安が子どもを持つことをためらわせている。したがって、保育園を増やすだけでなく、教育費の減免を図る法を整備すべきだ。なお、財源は今後の検討を要する。

まとめ

要約の段落は、結論とそれを支える情報A、B、C、今後の課題など情報を総括してください。ただし、そもそも読み終えるまで30秒も必要としない文章ならば、総論は不要です。

05

タイトルは手段＋トピック＋目的で書く

POINT

主旨を伝えるために、タイトルを明確に書く

- -

　タイトルは、その文章の読み手にとって最も重要な情報です。メールを読むときは、本文の前にタイトルと発信者を見て、すぐ読むべきか、後回しでよいかを判断しています。

　そこで、手段、トピック、目的の3点を意識してタイトルをつけてください。ただし、手段は省略する場合もあります。

　手段　　：どうやって達成するのか
　　　　　　　例）暗号化による
　トピック：「なにの何」についての文章なのか
　　　　　　　例）顧客情報のセキュリティ
　目的　　：トピックをどうすることが目的なのか
　　　　　　　例）向上、削減、強化、効率化

　暗号化による顧客情報のセキュリティの強化

効 果
- -

▷タイトルだけで、概要を知ることができる
▷一読で理解でき、記憶にも残る
▷タイトルと本文の連動に注意するので、文章の質・内容が向上する
▷優先順位をが上がり、先に読んでもらえる

①ディベート研修の件
②塗装工程に関する一考察
③〇×社への不正アクセスによる弊社会員情報の漏洩と対策について
④必ず成功する「集客・営業強化」のご案内

代表的な NG ワード例：
　〜の件、〜に関する一考察、〜について

①ディベート研修受講報告書
②ウェットオンウェット塗装によるコスト削減と車両の軽量化の提案
③【お詫びとお願い】貴個人情報の漏洩のお詫びとパスワード変更の
　お願い
④マーケティングオートメーションツールの活用による見込み客の倍
　増のご提案

まとめ

手段、トピック、目的の 3 点を意識してタイトルを書いてください。トピックと目的は必須です。

トピックの例：何のなに
〇〇（何）の「報告書、論文、提案書、議事録、説明書、意見文、手順書・マニュアル」（なに）など

目的の例：読んだ後の思考・行動
行動を要求：依頼、相談、質問、確認、お願い
情報を報知：報告、案内、回答、通知、連絡など

06

階層ごとに総論を書く

POINT

階層の総論は、各論のキーワードやトピックを連動させて書く

文章が長くなる場合やトピックが並列しない場合は、階層化が必要です。このとき、階層の総論を書いてください。階層の総論は、各論のキーワードを活用して、情報の展開順に 1 ～ 4 文で要約してください。

4. ~~~~~~~~~~~

5. ~~~~~~~~~~~

6. ~~~~~~~~~~~

6.1. ~~~~~~~~~~~

6.2. ~~~~~~~~~~~

階層の総論

効果

▷ その階層の情報が自分にとって必要なのか、不要なのかの判断ができる

▷ 読み進める場合、キーワードやトピックを意識できるので、わかりやすく、記憶にも残りやすくなる

4 問題点
7割以上の人がぶつかりそうになって恐怖を感じた体験があるだけでなく、歩きスマホを原因とした事件・事故が増加している。

4.1 事故
●●●●●●●●●●●●●●●●●●
●●●●●●●●●●●●●●●●…

総論と順番が違う→3番目

4.2 恐怖体験
●●●●●●●●●●●●●●●●●●
●●●●●●●●●●●●●●●●…

総論と順番が違う→1番目

4.3 トラブル
●●●●●●●●●●●●●●●●●●
●●●●●●●●●●●●●●●●…

総論と言葉と順番が違う→見出しを「事件」にするか、総論のキーワードを「トラブル」と書き換えるかのいずれかです。

4 問題点
7割以上の人がぶつかりそうになって恐怖を感じた体験があるだけでなく、歩きスマホを原因とした事件・事故が増加している。

4.1 恐怖体験

4.2 事件

4.3 事故

階層の総論で説明したキーワードの順で各論の見出しが展開されています。

まとめ

節立てをした場合は、必ず、階層の総論を書いてください。その際は、本文と階層の総論の要約は、キーワードを連動させてください。

箇条書きのしかた

下記の 5 つのルールを守って箇条書きをしてください。

1. 何を箇条書きするか、トピックや目標から書く

ひとりでも会議でも、脱線防止するために、箇条書きをする前にトピックを明記してください。

2. 同じ種類の情報を優先順位や手順を考えて列挙する

優先順位とは大切な順だけでなく、問題の質や量なども考慮してください。また、うまく並べられない情報は、言葉を選び直してください。

3. 優先順位や手順があるときは、行頭に番号をつける

優先順位や手順が決まったら、行頭に番号をつけてください。優先順位や手順がつけられない情報ならば、行頭は「・（なかぐろ）」を使ってください。

4. 項目が 7 つを超える場合、上下で情報を括る

ロジックツリーで階層化するイメージです。7 つにこだわらず、上下の関係があれば細分化してください。

例）4.・・・ 　　　　　4.・・・

　　4.1・・・ 　　　　1)・・・

　　4.2・・・ 　　　　2)・・・

5. 文体を統一して書く

最初の情報を体言止めで書いたなら、ほかも全て体言止めで揃えて表記してください。また「ですます体」と「である体」を混在させないでください。

1. ワンドキュメント・ワンテーマ

 文章

段落

文

単語

1つの文章では1つのテーマだけを書く

研修受講
報告書

テーマX
について
報告する。

業務改善
報告書

テーマY
について
報告する。

ここでは、文章全体の内容構成や書き出し部分のルールを詳しく学習していきます。段落の集合が文章です。

 特徴 1

悪い文章は、全部読まないと主旨がつかめない。良い文章は、最初だけ読めば概要が理解できる

1.1 最初だけ読めば結論や概要が伝わるように書く

①結論や大事な情報から書く
②最初の30秒で読めるように目的と要約を書く
③目的の段落で何を読み取ってほしいかを書く
④要約の段落は内容を総括して書く
⑤タイトルは手段＋トピック＋目的で書く
⑥階層ごとに総論を書く

 特徴 2

悪い文章は、情報が多すぎる。良い文章は、必要最低限の情報で相手に伝えている

1.2 必要最低限の情報だけで書く

①誰が読むのかを考えて、情報を取捨選択して書く
②用語解説などは各論で書く
③総論で述べていないことを各論で書かない
④まとめは主旨だけを繰り返して書く

01

誰が読むのかを考えて情報を取捨選択して書く

POINT

読み手の役職や関心のレベルに即して、情報を選択して書く

　読む人の役職や興味・関心のレベルに即して、情報を書き分けてください。例えば、経営層なら将来性や今後の進展などを中心に説明します。現場の担当者向けなら作業詳細などを中心に書きます。いずれの場合でも「読む人がほしい情報は何か」を意識してください。

　また、役職を問わず、興味関心がない人には、興味関心を持ってもらう必要があります。興味関心を持っている人には、その先の情報を提供してください。

　いろいろと書いたり削ったりしていると、対象者と内容がぶれてくるので、注意が必要です。

効 果

▷ ほしい情報だけなので、理解と共感がされやすい
▷ 不要な情報がなくなるので、誤解されにくい
▷ 必要な情報だけで書くので文章が早く書ける

誰に対しても、どんなときでも、同じ説明をする **BAD**

▼

役職レベル：役割分析

経営者：将来展望や費用対効果など大きな視点

管理職：現有の人材でうまく対応できるかなど

担当者：自分のスキルで対応できるかなど **GOOD**

関心レベル：マーケティングの AIDMA 分析 **GOOD**

Attention

知らない人に知ってもらう

Interest

興味がない人に興味を持ってもらう

Desire

ほしいと思っていない人にほしいと思ってもらう

Memory

記憶してもらう

Action

買ってもらう

まとめ

読み手の状況に即して、不要な情報は排除してください。また、役職や関心のレベルに即して、欲している情報のみを厳選して書いてください。

02
用語解説などは各論で書く

POINT

読み手の知識レベルに即して書く

　読み手が同じ業界の専門家なら、普段どおり専門用語や業界の略語を使って書きます。しかし、専門家でないなら言葉をかみ砕いて説明をしたり、比喩の追加や言い換えをしたりしてください。必要な専門用語があるなら、最初の各論に用語解説をしてください。

　もし、ページの半分を超えるような量を説明するならば、本文での説明は簡素にして、巻末に詳細の用語説明ページを添付してください。

効果

▷意味がわからないまま読ませることがない
▷興味・関心が薄い場合でも、問題点・必要性を感じてから、本文を読んでもらえる

BAD

　近年オンライン研修が脚光を浴びています。オンラインなら密を避けられます。もちろん、一方的な講義ではなく、ブレイクアウトセッション機能を活用して、グループワークも効果的に実施できます。
…「ブレイクアウトセッション」って何？
オンラインで実施できるのは、弊社のすべての研修です。例えば、ロジカルライティング研修でブレイクアウトセッション機能を活用した場合、……。
…「ブレイクアウトセッション」って本当に何？

GOOD

　近年オンライン研修が脚光を浴びています。オンラインなら密を避けられます。もちろん、一方的な講義ではなく、ブレイクアウトセッション機能を活用して、グループワークも効果的に実施できます。
　ブレイクアウトセッションとは、参加者を2名1組や5名1組などのオンライン上の小部屋に分けられる機能です。それぞれの小部屋内だけで会話や視覚資料の共有などができます。他の小部屋には声も映像も配信されません。また、講師はそれぞれの部屋に行き、話し合いに参加できます。

まとめ

多数の用語解説が必要な場合は、総論と各論1の間に用語解説の段落を作成して、説明してください。

1.目的の段落

2.要約の段落

3.用語解説の段落（各論）

4.現状について詳細説明をする段落

5.問題点・必要性について詳細説明をする段落

6.本編1

用語一覧

03

総論で述べていないことを各論で書かない

POINT

各論で新しいトピックを追加しない

　総論で述べていないトピックや新しいキーワードは、各論でもまとめでも追加しないでください。追加する場合は、総論を書き直してください。

効果

▷ **不要な情報で混乱させなくなる**
▷ **唐突な展開がなくなるので、理解しやすく記憶にも残りやすい**

2. 少子化の原因（要約の段落）
　見合い結婚の減少と育児休暇不足が原因である。したがって、国営の結婚相談所の開設による出会いの増加と、男女ともに育休の義務化を提案する。
（中略）
7. まとめ
　結婚相談所での出会いと育児休暇の拡充が少子化に歯止めをかける。さらに、選択的夫婦別姓を認めれば、……加えて、自分たちの将来の年金への不安も少子化の遠因にあるので、……。

まとめで初出の情報を書いてはいけません。各論で選択的夫婦別姓と年金不安が論じられていなければ、まとめで追加してはいけません。読み手を混乱させるだけです。

2. 少子化の原因（要約の段落）
　見合い結婚の減少と育児休暇不足が原因である。したがって、国営の結婚相談所の開設による出会いの増加と、男女ともに育休の義務化を提案する。
（中略）
7. まとめ
　結婚相談所での出会いと育児休暇の拡充が少子化に歯止めをかける。

総論で述べたキーワード（出会いと育児休暇）が同じ言葉、同じ順番で説明されている。

まとめ

文章全体の構成ができたら、要約文を書いてください。そして、すべての要約文をつないで、トピックと全体の構成を確認してください。このルールと手順を守って書くと、違うトピックや情報が入る余地はなくなります。

04

まとめは主旨だけを繰り返して書く

P O I N T

まとめは、各論を総括して書く

　各論で述べていない情報やアイデアなどをまとめに書いてはいけません。まとめの先頭は要約文でない場合もあれば、書かない場合もあります。

　また、1枚に収まる情報量、つまり一覧性があるレイアウトに収まる場合なら、まとめは不要です。

効 果

▷ **内容を素早く確認できる**
▷ **最初と最後の情報は記憶に残りやすい**

日本は、少子化をどう阻止するか

はじめに

　日本の合計特殊出生率は低下を続け、XX 年には、合計特殊出生率は 1.39 まで低下した。このままでは、人口減少により社会保障の維持ができなくなる。そこで、少子化の原因と対策についてまとめた。

政策要旨

　保育園と育児休暇の不足が少子化の原因なので、増園と運用を図るべきだ。現在は、保育園数の不足や運用時間への不満がある。また、中小企業では育児休暇制度の運用の低さが問題となっている。したがって、保育園の絶対数の増加や開園時間の多様化を図るだけでなく、すべての職場で休暇制度が十分取れるようにすべきだ。

保育園の量と質の不足（詳細省略）
休暇制度の不備（〃）
保育園の改善方法（〃）
休暇制度の拡充（〃）

まとめ（はじめに＋政策要旨：NG）

　日本の合計特殊出生率は低下を続け、XX 年には、合計特殊出生率は 1.39 まで低下した。このままでは、人口減少により社会保障の維持ができなくなる。そこで、少子化の原因と対策についてまとめた。保育園と育児休暇の不足が少子化の原因なので、増園と運用を図るべきだ。現在は、保育園数の不足や運用時間への不満がある。また、中小企業では育児休暇制度の運用の低さが問題となっている。したがって、保育園の絶対数の増加や開園時間の多様化を図るだけでなく、すべての職場で休暇制度が十分取れるようにすべきだ。

> まとめは、総論の目的と要約をそのまま繰り返してはいけません。

まとめ

　社会保障を維持するために、少子化対策が必要だ。不足する保育園には、増園と時間延長が必要である。また、休暇は企業の規模に関係なく、すべての職場で取れるようにすべきである。

まとめ

まとめは、要約の段落の情報を中心に簡潔かつ具体的に書いてください。今後の課題は、まとめの前の段落に書いてください。

AIDMA分析と情報選択

聴衆分析が成功の決め手

83ページで説明したAIDMA分析について、補足します。上司や同僚に対して、説明する内容の選択を間違う人は多くいます。例えば、現在担当している業務について、AIDMAのAIDの説明をすると、「なんで、そんな当たり前のこと（AID）を話して／書いているんだ。その先（MA）が知りたい」と指摘されてしまいます。しかし、新人や異動してきたばかりの人には、当たり前の情報（AID）が有益である場合があります。

同じ情報でも、誰に対して説明するかで価値は大きく変わります。誰に対して、なぜ説明するのかを意識して情報を選んでください。

物品購入時の AIDMA 分析

顧客の関心レベル		目標
Attention （注意）	知らない	認知度向上
Interest （興味）	興味がない	商品の評価育成
Desire （欲求）	ほしいと思わない	ニーズを喚起
Memory （記憶）	○○を買うことを忘れない ようにする	記憶維持・活性化
Action （行動）	店舗・オンラインでの販売	機会提供

AIDMAの定義は、諸説あります。

2. ワンパラグラフ・ワントピック

文章　　　1つのパラグラフ（段落）には、1つのトピックだけを書く

今ここ ▷ 段落

文

単語

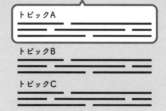

1つのパラグラフには1つのトピックだけ書く。トピックが2つならば、パラグラフを分割する。また、同じトピックならば、パラグラフを分割しない。

特徴
3
悪い文章は、話のポイントが何個あったかわからない。良い文章は、報告しているポイントの数とキーワードが記憶に残る

2.1 ポイントの数とキーワードが伝わるように書く

①改行のしかたを統一して書く
②ナンバリングとラベリングをする
③情報の縦つながり横並びがわかるように書く
④因果など情報は呼応・連動させて書く

特徴
4
悪い文章は、情報が多すぎる。良い文章は、必要最低限の情報で相手に伝えている

2.2 同じレベルの情報で揃えて書く

①小見出しで全体構成がわかるように書く
②情報をモレ・ムラなく書く
③均等に説明して書く

01

改行のしかたを統一して書く

POINT

意味の固まりを段落の区切りで明確に見せて書く

- -

　１つのパラグラフには１つのトピックだけ書いてください。トピックが２つならば、パラグラフを分割して書いてください。また、同じトピックならば、パラグラフを分割しないでください。

　区切り方は、次の３つのタイプです。文章ごとに統一してください。特に１つの文章の途中で区切り方を変えないでください。

1. 空白行を入れる：メールなど担当者どうし

2. 空白行に先頭字下げ：メールなど担当者どうし

3. 先頭1文字の字下げのみ：正式文書など

応用：小見出しを付けた場合、必ず空白行を入れる。

　小見出しを付けたり、付けなかったりすることは NG です。つけるなら、すべて付けてください。

効 果 --

▷ 要約文を探しやすい
▷ 意味の固まりと段落が一致していると、読みやすく理解しやすい
▷ 不要な情報（段落）を読み飛ばせる

改行形式がミックスされていると、意味の切れ目がわかりません。「先頭は字下げ。3行目の先頭は字下げなし。6行目の前は、空白行」このタイプが1番わかりにくいです。

段落がないと意味の切れ目がわかりません。

小見出しを付けたら、すべてにつけてください。

まとめ

トピックの切れ目と段落の切れ目を一致させてください。また、表現を統一して、わかりやすく表現してください。

02

ナンバリング（番号付け）とラベリング（見出し付け）をする

POINT

情報の区切りを明確にするために、ナンバリング（番号付け）、その直後にラベリング（見出し付け）を添える

　小見出しやトピックの前に番号をつけてください。このとき、まず、次に、そして、さらに、加えて、また…などの接続語句を使わないでください。算用数字で1．2．3．4．…とつけてください。番号のあとは小見出しでトピックを明確に示したり、キーワードを主語にして、要約文（ラベリング）を書いたりしてください。

小見出しがあれば、要約文が短く書けるだけでなく、トピックも明瞭になる

何を箇条書きしているのか、要約する

3つの支援の構成・順を説明している

3. 少子化対策
金銭的支援、保育園の充実、住宅支援の3つ視点を持つことが必要だ。これらの支援は、子どもの成長に合わせて社会全体として応援することが有効である。

1）金銭的支援　　：子どもを産みやすい土台を作るために、若年層に対して結婚手当、出産に対する子育て支援金の創設をすべきだ。

ナンバリング　　　ラベリング　　　　　　　　　　　　　　　要約文

効果

▷読み手に、論点の数とキーワードが明確に伝わるので、記憶に残りやすい
▷書き手が、情報を整理してから書くので、焦点やポイントが明確になる

まずは、経済的支援から対策を！

　まず、若年層に対して結婚手当、出産に対する子育て支援金の創設をすることにより、金銭的な不安を軽減し、子どもを産みやすい土台を作る。次に、子どもが生まれても働きやすい環境にする為に、保育設備の充実を図り、安心して預けられる環境を整える。そして、住居費には、リノベーション空き家を提供するなどして、社会全体として子育て世代を応援することが有効である。

上記が良い内容でも伝わらない代表的な文章です。何を何個述べているのか、その構成もわかりにくいです。

3. 少子化対策

金銭的支援、保育園の充実、住宅支援の3つの視点を持つことが必要だ。これらの支援は、子どもの成長に合わせて社会全体として応援することが有効である。

1）金銭的支援	：子どもを産みやすい土台を作るために、若年層に対して結婚手当、出産に対する子育て支援金の創設をすべきだ。
2）保育園の充実	：子どもが生まれても働きやすい環境にするために、保育設備の充実を図り、安心して預けられる環境を整えるべきだ。
3）住宅支援	：何人も子どもがいても育て上げられるように、リノベーション空き家を提供すべきだ。

キーワードの後ろに「：」を付けた書き方は便利です。

まとめ

文章は、思いつくまま、「まず、次に、そして、……」と書き連ねないでください。書く前にゴールや焦点、ポイントを整理してから、ナンバリングをして書いてください。

03

情報の縦つながり横並びがわかるように書く

POINT

情報どうしの主従・因果の接続関係を明確に書く

トピックとトピックの接続関係を明確に書いてください。例えば、原因が2つあった場合は、直列（縦）につながっているのか、並列（横）に並んでいるのかを考えて、文章でも明示してください。

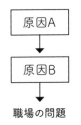

直列：縦つながり接続

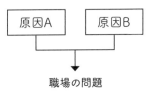

並列：横並び接続

効果

▷ 論理構成を正確に伝達できる
▷ メールなど図で説明できない場面でも誤解されにくい

　少子化の原因は、初婚年齢の上昇であり、また不妊治療への支援不足が子どもの数を減らした。

これでは、初婚年齢の上昇と不妊治療に因果があるのかはわかりません。

並列：横並び接続
少子化の原因は、初婚年齢の上昇と不妊治療に年齢制限を課したことの2つである。

直列：縦つながり接続
少子化の原因は、初婚年齢の上昇に伴い、不妊が増加したことにある。

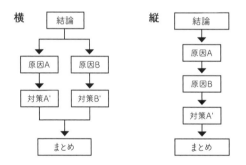

まとめ

文章を読めば、ロジックツリーやなぜなぜ分析などの論理構成が読み手の頭の中に再現されるように書いてください。もちろん、活用できるなら図でも補足説明をしてください。このとき、図に思いを込めるのではなく、文章で明確に書き、図で確認ができるような書き方をしてください。

04

因果など情報は呼応・連動させて書く

POINT

因果関係を説明するときは、キーワードやその順番を変えず、漏らさず書く

　文章全体の構成をロジックツリーなどで整理して、キーワードと個々の情報の関連を整理しておいてください。特に、原因と対策、対策と結果は、同じ意味なら同じ言葉を使って連動させてください。

　〇原因はＡＢＣである。このＡＢＣに対策を……
　×原因はＡＢＣである。また、ＡＢＣＤに対策を……

　順番も変えないでください。
　〇原因はＡＢＣである。まずＡについては……
　×原因はＡＢＣである。まずＢについては……

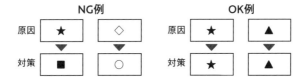

キーワードとその順番の呼応を変える場合は、説明文が必要です。

効果

▷ 因果などの情報が記憶に残りやすい
▷ 読み手が違和感を覚えないので、一読して理解できる

BAD

　産休や育休がとれない、夫の支援不足。だから、出会いを作る、意識を変えることが少子化対策の要となる。

「産休・育休」と「出会い」は関係がありません。また、対策の「意識を変える」とは、夫の意識だけなのか、それとも育休が取得できるように「会社の経営者の意識を変えろ」と主張しているのか、明確ではありません。そもそも意識があっても、できない理由があるのかもしれません。

GOOD

　産休や育休がとれない、夫の支援不足。だから、男女問わず育休を義務化して、夫を啓発する。

　若い頃は、仕事が忙しいだけでなく、収入も少ないので晩産化の傾向が強くなってきている。何人子どもを持っても、たくさん子どもを持っても、もらえる年金は変わらない。支出が増える分だけ損だ、なんて考える人も出てくる。

　これらの対策として、企業は育児休暇制度、企業内託児所、「育児相談窓口」などの育児支援策を充実する必要がある。

これでは原因と対策がかみ合っていません。したがって、原因を中心にとらえるか、対策を中心にとらえるかでロジックが大きく変わります。

　晩婚化と保育園不足が少子化の原因である。晩婚化については、個人の価値観に依存するので対応策は打ち出せない。したがって、以降は子どもの数に応じた年金制度についてのみ、論じていく。

上記は原因に対策を合わせました。

GOOD

　育児休業制度の不備と慢性的な
保育園不足が少子化の原因であ
る。また、このようなときに相談
をする窓口も十分ではない。した
がって、企業は育児休暇制度、企
業内託児所、「育児相談窓口」な
どの育児支援策を充実させる必
要がある。

上記は対策に原因を合わせました。

まとめ

原因と対策で言葉や内容が変わってしまう最大の原因は、文章を
書きながら、自分の思考を整理しようとしているからです。文章
を書く前に論理構成、因果関係をしっかり整理してください。

会議の案内のしかた

- -

　総論の枠組みを活用して会議の案内をすると、目的やゴールが明確になります。また、会議の生産性も向上します。下記はわかりやすくするために、小見出し（太字）をつけ、情報を区切って紹介しています。本来は細字の情報だけをつなげて書きます。

テーマ：食品ロス

現状・背景

　スーパーやコンビニなどで、食品の大量売れ残りが、たびたびニュースになっています。

問題点・必要性

　作りすぎることも問題ですが、食べる期間として賞味期限の前に設けられている「販売期限」が大きく影響しています。特に日本は他国と比べてこの期限が短い、判断が厳しいと指摘されています。

達成目標（～を××する）

　そこで、このルールを緩和する余地について検討しましたので、報告します。

結論・依頼内容

　つきましては、各部門より責任職（必ず課長以上、代理不可）1名が出席をしてください。

2. ワンパラグラフ・ワントピック

文章　1つのパラグラフ（段落）には、1つのトピックだけを書く

今ここ▷ **段落**

文

単語

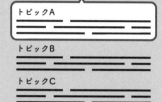

トピックA

トピックB

トピックC

1つのパラグラフには1つのトピックだけ書く。トピックが2つならば、パラグラフを分割する。また、同じトピックならば、パラグラフを分割しない。

特徴 3

悪い文章は、話のポイントが何個あったかわからない。良い文章は、報告しているポイントの数とキーワードが記憶に残る

2.1 ポイントの数とキーワードが伝わるように書く

①改行のしかたを統一して書く
②ナンバリングとラベリングをする
③情報の縦つながり横並びがわかるように書く
④因果など情報は呼応・連動させて書く

特徴 4

悪い文章は、情報が多すぎる。良い文章は、必要最低限の情報で相手に伝えている

2.2 同じレベルの情報で揃えて書く

①小見出しで全体構成がわかるように書く
②情報をモレ・ムラなく書く　
③均等に説明して書く

01
小見出しで全体構成がわかるように書く

POINT

その段落のトピックが一目でわかるように、小見出しをつけて書く

- -

　小見出しは、キーワードや体言止めで簡潔に書いてください。小見出しがあれば、不要なトピックを読み飛ばして、ほしい情報へ最短時間でたどり着けるように誘導できます。

　また、読点をつけるような長い見出しや、文章では書きません。文章で書くと、次の要約文と同じ内容の繰り返しになってしまいます。

　案ずることはありません。PART 2の**03** トピックごとに情報を整理するで、見出し付けはすでにできています。その見出しを活用するだけです。

効果　- -

▷ 文章全体のトピックの流れが理解しやすくなる
▷ 不要な段落を読み飛ばして、必要な情報を素早く見つけられる
▷ その段落のトピックが明確に理解できる
▷ その段落の要約文が理解しやすくなる
▷ 1トピック1パラグラフを守った文章が書きやすくなる

1. 少子化について
・・・・・・・・・・・・
2. 片手間では解決できない根の深い問題
・・・・・・・・・・・・
3. 少子の原因は、いったい何か？
・・・・・・・・・・・・
4. 保育園落ちた日本死ね！
・・・・・・・・・・・・
5. 年金だって問題だ
・・・・・・・・・・・・
6. いまこそ、自分ごとと考える時代
・・・・・・・・・・・・

人目を引く見出しではありますが、小見出しを全部読んでも、内容とその展開がわかりません。

1. 深刻な少子化
・・・・・・・・・・・・
2. 政策概要
・・・・・・・・・・・・
3. 出会いのない社会
・・・・・・・・・・・・
4. 保育所不足
・・・・・・・・・・・・
5. 街コンの充実
・・・・・・・・・・・・
6. 認証保育所の拡大
・・・・・・・・・・・・

全部読むと、トピックだけでなく、原因と対策が明確につかめます。

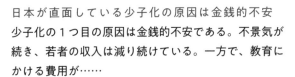

日本が直面している少子化の原因は金銭的不安
少子化の1つ目の原因は金銭的不安である。不景気が
続き、若者の収入は減り続けている。一方で、教育に
かける費用が……

小見出しと要約文で、情報を繰り返してはいけません。また、この小見出しは長すぎます。小見出しはトピックなどを簡潔に書いてください。

金銭的不安
収入不足や子育て費用の増加が少子化を進めた。不景
気が続き、若者の収入は減り続けている。一方で、教
育にかける費用が……

小見出しはキーワードだけにしました。また、要約文は2文目以降の情報を見て書き直しました。このように、トピックと要約文は連動させてください。修正する際は、要約文ではなく、小見出しを修正する場合もあります。

まとめ

小見出しと要約文がうまく連動して書けないときは、情報の分類や整理、つまり論理構成が間違っている可能性があります。

MEMO

02

情報をモレ・ムラなく書く

POINT

理解しやすく、記憶に残りやすくするために、マトリクス（表組み）で情報を整理してから書く

　特徴や理由などを複数説明する場合は、マトリクスでモレ・ムラなく情報を整理します。このとき、その文章の達成目標を意識して、縦・横の項目のキーワード・トピックを情報の並列と順番に配慮して設定してください。

　並列：互いに独立していて、漏れや重複がない

　順番：重要度（大事な順、深刻な順）、手順（時系列、マニュアル）

　マトリクスでまとめた情報は、キーワードを主語にして、同じ種類の情報を同じ順と表現で書き出してください。

横並び（優先順位）　　➡

	多角的視点	コミュニケーション	時間管理
要約文			
根拠 （事実）			
根拠 （理由付け）			
活用方法			

縦つながり（因果）　⬇

※順番を入れ替えられる横並び情報と、入れ替えられない縦つながり情報がある

時間管理ではなく、別のトピックに置き換えたい……

効果

▷ 読み手が、早く正確に理解できる

▷ 表現が統一されると、モレ・ムラなく文章が書ける

▷ マトリクスを活用すると、早く書ける

ディベート研修について（A）

　2日間のディベート研修を受講しました。自社には同期入社が私を含めて2人しかおらず、動機の新入社員の方々と議論する機会はなかなかありませんでしたが、様々な業種から集まった多くの方々とグループを通じてさまざまな議論をすることが出来ました。

　また他社の状況も伺うことが出来て、変刺激を受けましたし、自分の自社・仕事に対する認識・想いを再確認することができました。

　この研修ではグループで議論を頻繁に行いますので、自然に意見交換が出来ましたので、すぐにうち解けて人脈を広げることができました。

BAD

文章は、思いつくままに書かないでください。

文書を書く前にマトリクスで整理する

	多角的視点	コミュニケーション	時間管理
要約文	多角的視点とは、様々な立場から問題を見ることです。	コミュニケーションとは、組織の中での意思伝達と合意形成です。	時間管理とは、時間を効率的に使って作業を進めることです。
根拠 （事実）	演習問題や試合を通じて、自分自身この多角的視点がまだ身についていないことを痛感しました。	グループで意見を集約する作業は予想以上に困難でした。	ディベートの試合を通じて2、3分の短い時間でも多くのことができることを体験しました。
根拠 （理由付け）	私は、自分に都合の良い方、簡単な方から物ごとを考える傾向があるので、うわべだけの議論・水掛け論をよくしていました。	施設内の禁煙についてグループで議論したときは、論理よりも感情が先走り、本質的な議論が深められませんでした。	私は、短時間でポイントを整理するのが苦手なので、演習では悪戦苦闘しました。
活用方法	私は、自分に都合の良い方、簡単な方から物ごとを考える傾向があるので、うわべだけの議論・水掛け論をよくしていました。	今後の業務では、報告・連絡・相談などで、求めている本質を理解できるように、事実に即した会話をするように意識したいと思います。	今後の業務では、短時間で集中して思考するノウハウを、日常の業務はもちろん、会議やプレゼンで積極的に活用したいと思います。

キーワードを主語にして、同じ種類の情報を同じ順と表現で書いてください

ビジネスディベート受講報告（B）

　多角的視点**とは、**様々な立場から問題を見ること**です。** ／演習問題や試合を通じて、自分自身この多角的視点がまだ身についていないことを痛感しました。／私は、自分に都合の良い方、簡単な方から物ごとを考える傾向があるので、うわべだけの議論・水掛け論をよくしていました。／**今後の業務**では、次回の方針決定会議において、賛成論、反対論の根拠をしっかり受け止め、三角ロジックで根拠を書き出して、比較検討することを徹底したいと思います。

　コミュニケーション**とは、**組織の中での意思伝達と合意形成**です。** ／グループで意見を集約する作業は予想以上に困難でした。／施設内の禁煙についてグループで議論したときは、論理よりも感情が先走り、本質的な議論が深められませんでした。／**今後の業務では、**報告・連絡・相談などで、求めている本質を理解できるように、事実に即した会話をするように意識**し**たいと思います。（略）

書き出し・表現の統一

要約文：　〇〇とは、××です。

活用方法：今後の業務では、…したいと思います。

情報展開順の統一

> 要約文……………。事実……………
> ………………。理由付け……………
> ……。活用方法……………。

×3回

03
均等に説明して書く

POINT

パラグラフどうしの情報量を均等にして書く

- -

　長すぎるパラグラフ、短すぎるパラグラフは、情報にムラがあるかもしれません。前後のパラグラフで書いている根拠、つまり、事例や理由付けなどが多すぎたり、少なすぎたりしている場合があります。

1.
主張……………　　　　。
理由①………　。理由②…………………………。
言いかえ……………………。

2.
主張……………………。
理由①………。

↑ 2番目の段落も、「理由づけ」と「言い換え」をあと1つずつ追加して均等にする

3.
主張……………　、　　　。
理由①………　。理由②…………………………。
言いかえ…………………………。

　上下のパラグラフでは理由づけがあるのに、短いパラグラフでは省略されていることがあります。また、他は「例示が2つあるのに1つだけしかない」などの理由でパラグラフが短くなっていることもあります。
　説明が少なすぎる場合は、上下のパラグラフと同じような構成で書いてください。

効果
- -

▷ 他のパラグラフと比較するので、過不足なく書ける
▷ 長いパラグラフがなくなるので、理解しやすくなる

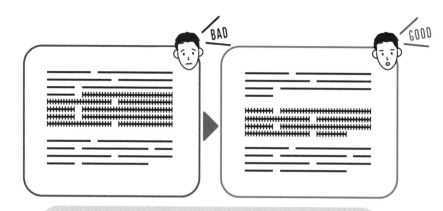

1つのパラグラフは、原則として2〜7文程度で書いてください。8文を超える場合、同一トピックでも2つにパラグラフを分け、階層化してください。8文とは目安です。5、6文でも分けたほうが良い場合もあります。分けたときは、階層の総論が必要です。

短すぎるパラグラフは前後のパラグラフと統合させたほうが良い場合もあります。

まとめ

パラグラフの長さで、情報のムラを見つけて、最適化を図ってください。情報量のバランスがとれていればOKです。これは見た目でわかります。ただし、パラグラフはすべて全く同じ情報量になりません。優先順位をつけて書いた場合は、最初のパラグラフは一番大切なので、情報も多くなる傾向があります。

図解の種類と説明の方法

図や表の種類とそれらを説明するときののポイントを紹介します。下記の図解ごとに示されている項目と順番を守ってください。

1.論理図解

1) 書いてあるままの順で、キーワードを変更することなく説明する。

NG例：図解で「費用」、説明文で「コスト」

2) 図解した情報は基本的にすべて説明する。説明しないなら図解から削除する。

3) 前置きを最初に長く説明しない。

2.グラフ、数表

	東部	西部	南部
1月	2.023	5.478	3.002
2月	8.257	**9.897**	6.580
3月	4.365	6.568	4.258
4月	968	1.560	2.060

1) 何を説明するかを述べる

2) 縦軸、横軸、単位を説明する

3) ポイントを説明する

3.物理図解

1) 部位の特定

2) 動作・特徴の説明

1. ボディ

2. ドライブトレイン
1) エンジン
2) トランスミッション
3) ドライブシャフト
4) デファレンシャルギア

3. シャーシ

例：ドライブトレインは、主にエンジン、トランスミッション、ドライブシャフト、デファレンシャルギアの4つのパーツから構成されています（図の赤色参照：部位の特定）。エンジンで発生させた出力をトランスミッションに伝達し、ドライブシャフト等を経て、最終的にタイヤが路面にその力を伝えます（動作・特徴の説明）。

3. ワンセンテンス・ワンアイデア

文章

段落

今ここ ▶ 文

単語

1つの文では、1つの事柄だけを書く

○ ━━━━━、━━━━━。

× ---- が、----------------
---------------- り、--------
---------- し、-------- 。

ここでは、文レベルのルールを詳しく見ていきます。文の集合が段落です。

特徴 5
悪い文章は、要約文がない。良い文章は、要約文を段落の先頭に書いている

3.1 要約文を段落の先頭に書く

①要約文は簡潔かつ具体的に書く
②キーワードを先頭に置いて書く
③前の文の情報を次の文につなげて書く
④筋道を明確に書く
⑤根拠を明確に書く
⑥すべての要約文をつないで主旨が伝わるように書く

特徴 6
悪い文章は、1文が長い。良い文章は、1文が短い

3.2 短い文を書く

①関係がない場合は切る
②関係がある場合は明確につなぐ

01

要約文は簡潔かつ具体的に書く

POINT

段落の先頭に、その段落の情報を要約して1文で書く

その段落の文章をすべて読まなくても、概要がつかめるように要約文を書いてください。キーワードで書き始めて、簡潔かつ具体的に書いてください。

書き出し　　：文頭はキーワードで書き始める
簡潔に書く　：極限まで短く書く
具体的に書く：1つ例示を加える

効 果

▷ 全文を読まなくても、概要が理解できる
▷ 不要な情報ならば、その段落を読み飛ばせる
▷ 結論が先頭にあれば、確認しながら、読み進められる
▷ 要約文に即して書くので、不要な情報が入りにくくなる

少子化の原因は 2 点ある。若い世代の金銭的不安と女性の社会進出による晩婚化である。

要約文は 1 文で書いてください。上記は 2 文です。

少子化の原因は、金銭的不安と晩婚化の 2 つである。

1. 金銭的不安
1 つ目の原因として、不景気により、会社員の平均収入は低下しており、特に将来も増える見込みがないので、子どもを少なくして、夫婦ふたりでの生活を選択する割合が増えている。

小見出しでナンバリングしているので、繰り返しは不要です。要約文としては、長すぎるだけでなく、冗長な説明も多いです。これでは覚えきれません。

1. 金銭的不安
将来の収入不安により、子どもを持てない家庭が増えた。不景気により、会社員の平均収入は低下している。また、今後も増える見込みがない。

2. 多忙と不安
高学歴化社会が進み、20代は仕事を覚えることに多くの時間を費やす必要がある。また、不安が多い時期でもある。このため、結婚や出産が遅くなったことが……。以上のことから原因は、……。

要約文がありません。事実や現状から書き始めてはいけません。また、思考のプロセスを再現して書いてはいけません。これでは全文読まなければ、原因がわかりません。

2. 晩婚化
結婚や出産が遅くなったことが少子化を進めた。20代は仕事を覚えることに多くの時間を費やす。また、不安が多い時期でもある。

まとめ

要約文は、キーワードを先頭にして、極限まで短く書きます。その文に例を1つ加えると、簡潔かつ具体的な要約文が書けます。

略語の示しかた

略語は、全文を記述してから、省略語を書いてください。3C（Correct,Clear,Concise）と書くのではなく、Correct,Clear,Concise（3C）と書いてください。

繰り返し書くと長くなってしまうので、省略しているのです。したがって、そのあとに活用しないのならば、そもそも省略語の記載は不要です。

補足：文章やプレゼンテーションでは、3Cを意識してください。

Correct ：正確

Clear　 ：明瞭

Concise：簡潔

02

キーワードを先頭に置いて書く

POINT

総論で述べたキーワードを各論の先頭に置いて書く

　先頭は、指示代名詞など曖昧な言葉で書き始めないでください。読み手が専門家ではない場合は、未知の専門用語を先頭に置かないでください。同様に読み手が職場の同僚でない場合は、業務で使う略語も先頭に置かないでください。必ず説明をしてから使ってください。

効果

▷ 既知から未知へ情報の流れができるので、理解しやすい

▷ キーワードが先頭にあると、記憶に残りやすい

▷ 要約文に続く情報が正しく説明されているか、確認・検証がしやすくなる

BAD

以下の**2点の対策**を実現することで少子化は食い止められる。

GOOD

子ども手当の増額と**育児休暇の義務化**の2点の対策を実現することで少子化は食い止められる。

BAD

このことによって結婚しても子どもを作らない人が増えている。

GOOD

慢性的な保育園不足により、結婚しても子どもを作らない人が増えている。

子ども手当の拡大と男性の育児休暇の義務化の 2 点の対策を実現することで、少子化は食い止められる。

総論の要約の段落や階層の総論ならば、上記のままで OK です。しかし、各論の先頭文ならトピックが 2 つ入っているので NG です。

子ども手当の拡大化により、少子化は食い止められる。

男性の育児休暇の義務化により、少子化は食い止められる。

要約文が長くなってしまう場合や、キーワードが 2 つある場合は、パラグラフを 2 つに分割してください。

イールドカーブと**バタフライスプレッド**を活用して、投資推奨銘柄であるかを判断しています。

相手が専門家ならば、これで OK です。

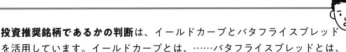

投資推奨銘柄であるかの判断は、イールドカーブとバタフライスプレッドを活用しています。イールドカーブとは、……バタフライスプレッドとは、……です。

相手に用語解説が必要な場合は、専門用語は先頭に置かないでください。そのあとの文章を理解するために必要ならば、用語を覚えてもらえるように書きます。覚えてもらう数が多い場合は、本論が始まる前に用語解説の段落を作ってください。また、専門用語でなくても会社独自の略語も同様です。

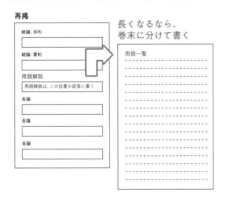

再掲

| 総論:目的 |
| 総論:要約 |
| 用語解説 |
| 用語解説は、この位置の段落に書く |
| 各論 |
| 各論 |
| 各論 |

長くなるなら、
巻末に分けて書く

用語一覧

まとめ

キーワードを先頭に置き、前文と言葉を明確につないで書いてください。未知の言葉を先頭に置かないでください。

03

前の文の情報を次の文に
つなげて書く

POINT

前の文のキーワードを、次の文の先頭に置く

　既知の情報から未知の情報へとつなげて書いてください。つなげ方には、直列型と並列型の2つがあります。直列型は、主語を引き継ぎ、情報を深めます。並列型は主語を統一して、情報を展開します。

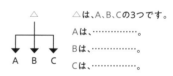

直列型	**並列型**
主語を引き継ぎ、情報を深める	主語を統一して、情報を展開する

直列型
主語を引き継ぎ、情報を深める

○○は、AならばDです。
Aは、…………Bである。
Bは、…………Cである。
Cは、…………Dである。

○
‖
A
▼
B
▼
C
▼
D

並列型
主語を統一して、情報を展開する

△　　　△は、A、B、Cの3つです。
　　　　Aは、…………。
　　　　Bは、…………。
A　B　C　Cは、…………。

　情報が少ないときは、1つの段落で完結させます。多いときは、複数の段落や文章全体で流れを見せます。

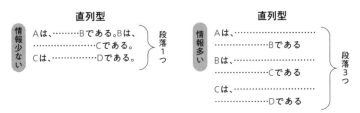

また、情報が少ないときは、1つの段落で、説明を完結させます。多いときは、複数の段落に分けて書きます。

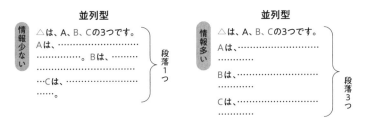

例文
私の趣味（△）は、釣り（A）、スキー（B）、バイク（C）です。釣り（A）は、45年のキャリアがあります。スキー（B）をするためだけの目的でフランスに行ったこともあります。

釣りのキャリアがあるのは、「△＝私」であることを言外に指しています。もちろん、フランスに行ったのも私です。このように主語を明確に書かなくても、文脈からつかんでいます。むしろ、このときに主語を繰り返して書くと、子どもの作文のように見えてしまいます。

効果

▷情報の流れがよくなるので、早く、正確に理解してもらえる
▷次の文の「書き出し」の言葉が決まるので、早く書ける

昨今、女性も社会で活躍する場が増えたため、共働き家庭が増えている。一方、保育所や保育士は慢性的に不足している。保育士は待遇が悪く、資格を持っていても働いていない人もいるようだ。言うまでもなく、日中子どもを預ける保育園に入園させることは必須のことである。これらの結果、仕事と子育ての両立は困難であると考えて、少子化が進んだ。

昨今、女性も社会で活躍する場が増えたため、共働き家庭が増えている。共働き世帯にとって、日中子どもを預けられる保育所は必須である。しかし、子どもを預ける保育所や保育士が不足している。保育士が不足している理由は、待遇が悪く、資格を持っていても働いていない人もいるようだ。これらの結果、仕事と子育ての両立は困難であると考えられている。

さらにGOODな文章

改良：先頭に要約文を追加
仕事と子育ての両立の難しさが少子化を進めた。昨今、女性も社会で活躍する場が増えたため、共働き家庭が増えている。共働き世帯にとって、日中子どもを預けられる保育園に入園させることは必須である。しかし、子どもを預ける保育所や保育士が不足している。保育士が不足している理由は、待遇が悪く、資格を持っていても働いていない人もいるようだ。

直列型で情報を展開する例：総論の目的の段落

BAD

歩きスマホの問題点
　国交省の調べによると、スマホを見ており駅のプラットホームに転落する
といった事故が増加しているそうです。実際に電車の待ち時間に下を向いて
スマートフォンを見ている姿は日常的にみられています。また、事故だけで
なく、歩きスマホをしている人をターゲットにしてわざとぶつかり元々壊れ
ているスマートフォンを「壊れたから弁償しろ」といって金銭を要求する犯
罪も横行しているようです。視覚障害を持っている人から、某人気スマート
フォンゲームが配信され始めてからぶつかられることが多くなり恐怖を感じ
ているという話もある。

GOOD

　歩きスマホの問題は、事故、事件、そして、恐怖を与えることの３つである。
歩きスマホに起因する事故は、駅のプラットホームへの転落が増加している
（国交省）。また、歩きスマホに関わる詐欺事件も発生している。歩きスマホを
している人にわざとぶつかり、元々壊れているスマートフォンを「壊れたから
弁償しろ」と金品を要求することも横行している。（歩きスマホが与える）恐
怖としては、視覚障害者に対して歩きスマホをしている人がぶつかることである。

並列型で、情報を広げる：総論の要約の段落

GOOD

　歩きスマホの問題は、事故、事件、そして、恐怖を与えることの３つです。
事故：歩きスマホが原因で、駅のプラットホームに転落する事故が増加し
　　　ている（国交省）。
事件：歩きスマホをしている人にわざとぶつかり、元々壊れているスマー
　　　トフォンを「壊れたから弁償しろ」と欺く事件も横行している。
恐怖：視覚障害者が、歩きスマホをしている人からぶつかられることが増
　　　加。

まとめ

実際は、直列と並列を混在させて、段落を作ってください。１つの段落の
途中から並列型から直列型へ変わることもあります。逆もまたしかりです。

04
筋道を明確に書く（直列型）

POINT

情報の流れを意識して、文と文のキーワードをつなげて書く

- -

　情報を正しく区切り、キーワードを明確に接続させて書いてください。原則として文頭は、指示代名詞ではなく、前の文のキーワードを置き、既知から未知へと情報を展開させてください。

　ただし、3回くらい主語やキーワードを繰り返して書くと、くどいと感じる場合があります。そのときは代示を使用してください。例えば、「幹線道路沿いの家」ではなく「その家」や、「津本式で血抜きをされた熟成魚」ではなく「その魚」と書いてください。このように連体修飾されている言葉は代示を使ってください。

　筋道を追って書く手法は、マニュアルなど時間経過がある場合に活用しやすいです。

効果 -

▷情報の流れが良くなるので、一読して理解してもらえる
▷次の文の書き出しが決まるので、文が早く書ける

まず、国がすべきことは、企業の休暇制度を支援すべきだ。仕事が忙しく、実際は休めない会社は多い。そこで、代替要員確保費用の助成や一定の水準を満たした企業に対する税制優遇などのインセンティブを強化するような制度を導入すべきだ。これにより、企業は出産育児休暇制度を促進するだろう。また、労働者側も安心して出産や子育てができるように、休暇をとるべきだ。そうすれば、休暇制度率が向上する。これはまさしく、このテーマのキーワードであるといえる。

労働者が休暇制度を利用しやすくするために、企業の運用の充実化を国は支援すべきだ。具体的な支援として、代替要員確保費用の助成や一定の水準を満たした企業に対する税制優遇などのインセンティブを強化すべきだ。インセンティブを強化すると、企業は休暇の取得を促進させるだろう。休暇取得率の向上は、労働者が安心して出産や子育てができるようになるキーワードである。

直
直
直
直

企業や組織が在宅勤務を取り入れることで、子どもを持ちやすくなると考える。これにより、子どもが体調を崩した場合でも、自宅で見守りながら仕事ができる。そうすれば、休まなくて済むし、心理的負担も軽くなる。この結果、仕事と子育てを両立できる。

企業や組織が在宅勤務を取り入れることで、子どもを持ちやすくなる。在宅勤務なら、子どもが体調を崩した場合でも、見守りながら仕事ができる。自宅で仕事ができれば、仕事を休まなくて済む。それと同時に、心理的負担も軽くなる。仕事を休まず、心理的負担も軽くなるので、仕事と子育ての両立ができる。

直	
直	
並	並
直	

まとめ

時間経過のある説明は、直列型で筋道を意識して書いてください。また、「3つの特徴を説明する」ようなときは、次項で説明する並列型を活用して書いてください。

05

根拠を明確に書く（並列型）

POINT

根拠を明示するために、AREA（エリア）の法則を活用して書く

　自分の意見に明確な根拠を添えるために、AREA の法則を活用してください。AREA とは、Assertion（主張）、Reasoning（理由）、Evidence（証拠）、Assertion（まとめ）の頭文字から名付けられました。「E」を Example（具体例）や Explanation（解釈・詳細説明）に置き換えたり、追加したりすることもあります。また、この E と R は順番が入れ替わる場合もあります。情報が少ない場合は、最後の Assertion（まとめ）を省略する場合もあります。

効 果

▷ 明確な根拠が添えられるので、説得力が向上する
▷ 結論が先頭にあるので、検証しながら読み進められる

出生率低下の原因は、初婚年齢の上昇である。25 〜 29 歳の女性の未婚率は年々上昇して、平成 22 年には 60.3%に達しており、原因が読み取れるデータとなっている。

BAD

なぜ、初婚年齢が上昇したのか、理由が書いてありません。

（A）出生率低下の原因は、初婚年齢の上昇である。（R）初婚年齢の上昇は高学歴化の進展にある。（E）従来は多くの人が、高校を卒業して就職をしていた。しかし、近年は専門学校や大学への進学率が高まり、就職年齢が上昇した。（A）高学歴化が就職や初婚年齢を上昇させ、少子化を進めたと私は考えている。

GOOD

もっと詳しく説明をする場合は、Evidence（証拠）、Example（具体例）、Explanation（解釈・詳細説明）：3E を中心に情報を追加します。例えば、上記の GOOD な文章の後に次の一文を追加すると、より情報が多く説得力のある文章になります。

これを裏付けるように、（E）進学率は、……。（E）また、初婚年齢は……である。（A）この 2 つのデータには正比例の関係、つまり相関が見られた。

GOOD

（A）歩きスマホを抑止するのは、啓発では効果が上がらない。したがって、（A）歩きスマホを抑止する機能を義務化すべきである。（E）現在、歩きスマホを危険と認知している人は99％いる。しかし、認知していても、歩きスマホをしたことがある人は73％もいる。

R がない。なぜ、効果がないのか、その理由が不明です。

（A）歩きスマホを抑止する機能を義務化すべきである。（E）現在、歩きスマホを危険と認知している人は99％いる。しかし、認知していても、歩きスマホをしたことがある人は73％もいる。（R）この高い認知度は、「危険性に関する啓発はすでに行き届いているが、自制できないこと」を示唆している。（A）したがって、義務化は有効な手法である。

AERA の順の例です。最後の A は省略できます。AREA の最初の3つの情報は必須です。

まとめ

データや事実を列挙しただけで、説明をしたつもりになっている人はとても多いです。しかし、理由付けまで書かないと、読み手に読解力だけでなく、思考力も要求することになります。

お手本の必要性

「もっと」って何？「ちゃんと」って何？
上司は何を言っているのだろうか……

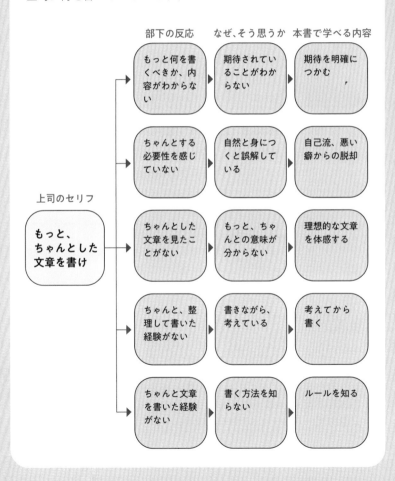

	部下の反応	なぜ、そう思うか	本書で学べる内容
	もっと何を書くべきか、内容がわからない	期待されていることがわからない	期待を明確につかむ
	ちゃんとする必要性を感じていない	自然と身につくと誤解している	自己流、悪い癖からの脱却
上司のセリフ もっと、ちゃんとした文章を書け	ちゃんとした文章を見たことがない	もっと、ちゃんとの意味が分からない	理想的な文章を体感する
	ちゃんと、整理して書いた経験がない	書きながら、考えている	考えてから書く
	ちゃんと文章を書いた経験がない	書く方法を知らない	ルールを知る

06

すべての要約文をつなぐと主旨が伝わるように書く

POINT

1つ前の要約文とつないで読めば、主旨が伝わるように書く

　106ページの「小見出しで全体構成がわかるように書く」で類似内容を説明しています。小見出しはトピックやキーワードだけでした。それに続く要約文はもっと内容がわかるように、詳しく記述してください。また、すべての要約文をつないで読めば、文章全体のロジックが伝わるように書いてください。

効果

▷総論に続けて各論の要約文をつなげて読めば、より詳しい内容がごく短時間で理解できる
▷情報が厳選されているので、記憶に残りやすい
▷誤解されず、主旨を理解してもらえる
▷要約文から書くと、不要な情報が入りにくい

BAD

歩きスマホの有効な抑止方法

....今、
スマートフォンは日本及び全世界に普及しているとても便利なツール
です。

恐らく誰もが生活の中で目にしたことがあり、自分自身でも覚えがあ
るかもしれない「歩きスマホ」です。.....................

国交省の調べによると、スマホを見ており駅のプラッホームに転落する
といった事故が増加しているそうです。.................................

これまで、歩きスマホに対する施策は日本でも行われてきています。
....

では、歩きスマホを抑制するにはどうすればよいのでしょうか。
....

BADでは、段落の先頭の要約文を読み進んでも、必要とする「歩きスマホ
の抑止方法」はわかりません。

歩きスマホの有効な抑止方法

……………………………………………………………………歩き
スマホの有効な抑止方法について、ポイントを要約する。

抑止方法は、アプリケーションによる警告と法的な禁止の2つが有効
である。…………………………………………

アプリケーションによる警告の義務化は、歩きスマホの有効な抑止方
法となる。…………………………………………

国内外で進んでいる法的な禁止も歩きスマホの有効な抑止方法であ
る。…………………………………………

大和市では、「何人も、公共の場所におけるスマホ等の操作は、他者の
通行の妨げにならない場所で、立ち止まった状態で行わなければなら
ない。」と定めている。…………………………………………

ハワイでは、罰則付きの規制が効果を上げている…………………

警告の義務化と法的な禁止は、いずれも解決しなければならない課題
がある。…………………………………………

先頭文だけ読めば、有効な抑止策が明確につかめます。

すべての要約文をつなげて読んで、主旨がつかめるか確認してください。要約文は、段落の先頭に書きます。ただし、総論の目的の段落だけは例外として文末に書きます。

COLUMN

機器などの説明は、構成要素を説明してから、動作・特徴など相互の接続関係を書く

最初に構成要素の説明をしてから、動作・特徴を説明してください。

構成要素の説明：〇〇は A ＋ B ＋ C である（広げる）

（大項目）クルマは、ボディ、ドライブトレイン、シャーシから構成されています。

（中項目）ボディは、ボンネット、ドアなどの外装とシートやインスツルメントパネルなどの内装から構成されています。

（中項目）ドライブトレインは、エンジン、トランスミッション、ドライブアクスル、デファレンシャルギアなどから構成されています。

（中項目）シャーシは、サスペンション、ステアリング、タイヤから構成されています。

（小項目）タイヤとは、タイヤそのものとホイールを指します。

動作・特徴の説明：〇〇は A → B → C である（深める）

車は走るために、エンジンで発生させた出力をトランスミッションに伝達し、ドライブアクスルを経て、最終的にタイヤが路面にその力を伝えます。

車は曲がるために、ステアリングの回転力をギアボックスで左右の横の動きに変換します。変換された力はタイロッドを通じてナックルアームに伝わります。そのアームがタイヤの向きを変えます。

3. ワンセンテンス・ワンアイデア

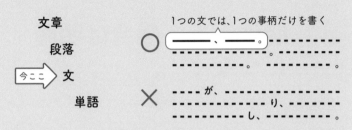

文章

段落

今ここ ▷ 文

単語

○ 1つの文では、1つの事柄だけを書く

━━━━、━━━━。━━━━━━━━
━━━━━━━━━━。━━━━━━
━━━━━━━━。━━━━━━━。

× ━━━が、━━━━━━━━━━
━━━━━━━━ り、━━━━━
━━━━━━━ し、━━━━━━。

ここでは、文レベルのルールを詳しく見ていきます。文の集合が段落です。

特徴 5

悪い文章は、要約文がない。良い文章は、要約文を段落の先頭に書いている

3.1 要約文を段落の先頭に書く

①要約文は簡潔かつ具体的に書く
②キーワードを先頭に置いて書く
③前の文の情報を次の文につなげて書く
④筋道を明確に書く
⑤根拠を明確に書く
⑥すべての要約文をつないで主旨が伝わるように書く

特徴 6

悪い文章は、1文が長い。良い文章は、1文が短い

3.2 短い文を書く

①関係がない場合は切る
②関係がある場合は明確につなぐ

01 関係がない場合は切る

02 関係がある場合は明確につなぐ

POINT

1つの文では、1つの事柄だけ書く

「が、」「り、」「し、」「て、」「と、」「れ、」などの等位接続助詞で、異なる内容の文をつなげて書いてはいけません。これらの助詞の前後を見て、情報の接続関係の有無で区切り方が変わります。また、文の長さでも対応方法が違います。

情報の接続関係がない場合
1. 文が長くても、短くても：切る

情報の接続関係がある場合
2. 文が短い場合：接続語句を工夫する
3. 文が長い場合：読点で切る＋接続語句を入れる

1. と3. は、文を切ったときに、次の文の先頭に主語やキーワードを補わないと、情報のつながりが悪くなる場合があります。

修正前（原文）

> 国は、働く女性を支援するために、産前産後休業や育児休暇制度の拡大などの育児支援を充実し、出産後も働き続けられる職場環境を積極的に作っていく必要がある。

1. 情報がつながっていないのなら、単純に文を切る
文が長くても、短くても：単純に切る

> 　国は、働く女性を支援するためには、産前産後休業や育児休暇制度の拡大などの育児支援を充実すべきだ。出産後も働き続けられる職場環境を積極的に作っていく必要がある。

2. 情報がつながっているのなら、明確に文をつなぐ（短文）
文が短い場合：接続語句を工夫する

> 　国は、働く女性を支援するためには、各種休暇制度の拡大だけでなく、出産後も働き続けられる職場環境も積極的に作っていく必要がある。

> 　英語の構文をイメージして書いてください。例えば「AだけでなくBもだ」や「AではなくBだ」です。

3. 情報がつながっているのなら、明確に文をつなぐ（長文）
文が長い場合：読点で切る＋接続語句を入れる

> 　国は、出産後も働く女性を支援するために、産休や育休制度の拡大などの育児支援を充実すべきだ。それだけでなく、出産後も働き続けられるように、保育所の増設や時短勤務の義務化など、きめ細かく法の整備をしていくべきだ。

効果

▷ 1文が短くなるので、内容が理解しやすくなる
▷ 1文が短くなるので、記憶に残る
▷ 適切に文が切られると、ロジックが明確になる

経済面では、高齢者が増加することにより年金、医療等の社会保障の負担が増大することになり、現役世代の負担が増大することや、社会面では、……。

関係がないので、単純に文を切ります。

経済面では、高齢者が増加することにより年金、医療等の社会保障の負担が増大する。増大分は現役世代が負担する。社会面では、……。

単純に文を切り、キーワードを補いました。

世論調査において、7割程度の人が「少子化は深刻な問題である」と答えており、①出生率を高めるように国が対策をとることに賛成しているが、②保育園の数が不足して子どもを預けられなかったり、③企業によっては育児休暇制度が充実していない。

BAD

世論調査において、7割程度の人が「少子化は深刻な問題である」と答えている。また、出生率を高めるように国が対策をとることに賛成している。保育園の数が不足して子どもを預けられなかったり、企業によっては育児休暇制度が充実していなかったりしている。

GOOD

①：単純に切るだけでなく、接続語句も補いました。
②：関係がないので、単純に文を切ります。
③：この「り」は「〜たり、〜たり〜」の「り」です。正しく呼応させました。

BADのように、ずっと文がつながっている場合は、句点が打たれるまで読んでください。そして、情報の直列と並列を意識して、どこで切るか、つなぐかを見立ててください。

BA

婚活アプリが周知されるようになり、①若年層も気軽に交際相手を見つけることができるようになったが、②そのアプリは本当に効果があるのか、③また、効果があるならば、……。

GO

婚活アプリが周知されるようになったので、若年層も気軽に交際相手を見つけることができるようになった。しかし、そのアプリで本当に結婚に結びついているのかを見極める必要がある。また、効果があるならば、……。

①：因果関係があります。文が短いので、明確につなぎます。
②：接続関係があります。文が長いので、接続詞を補いました。
③：関係がありません。単純に切ります。ただし、文末を呼応させて修正しました。
文を切るときは、次の文の先頭だけでなく、③のように文末表現も修正する場合があります。

BAD

国が休暇制度を拡充させた企業へ助成金を給付すると、休業制度の運用を促進させ、①企業に育休・産休が取得しやすい風土が形成され、②社員が育休・産休の取得をためらわなくなり、③子どもが持ちやすくなる。

GOOD

国が休暇制度を拡充させた企業へ助成金を給付すると、休業制度の運用が促進される。運用が促進されれば、育休・産休が取得しやすい風土が形成される。したがって、社員が育休・産休の取得をためらわなくなるので、子どもを持ちやすくなる。

①：単純に切るだけでなく、直列型の接続を意識して次の文のキーワードも補いました。
②：単純に切るだけでなく、接続語句も補いました。
③：因果関係があります。文が短いので、明確につなぎました。

まとめ

　文章を書く前に、情報の接続関係（直列型・並列型）にも注意をしてください。せっかくロジカルに情報の接続を考えても、1文で1つの事柄だけを書かないと、論理構成が伝わりにくくなってしまいます。
　したがって、「が、」「り、」「し、」「て、」「と、」「れ、」などを見つけた場合は、不必要につないでいないかを確認してください。文をつなぎすぎているとトピックや視点がぶれている場合もあります。

COLUMN

添削用特注スタンプ

研修の際に、私が個別添削で活用している特製のスタンプです。よく書き込む内容でスタンプを作って、一人ひとりに添削指導をしています。

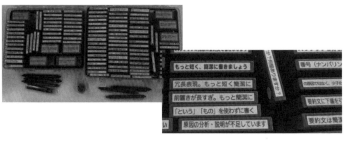

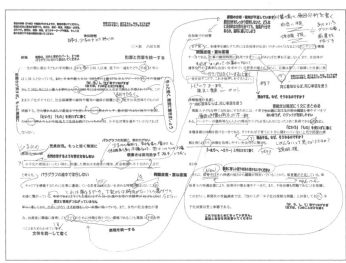

4. ワンワード・ワンミーニング

文章

段落 　　同じ意味なら、同じ単語を使って書く

文 　　　------ 多角的視点 ----------

今ここ ➡ **単語** 　　---------- ○多角的視点 -----

　　　　　　---------- ×論理的視点 ------

ここでは、最少単位である単語レベルについてのルールを詳しく見ていきます。

特徴
7
悪い文章は、冗長な表現や曖昧な説明がある。良い文章は、簡潔にわかりやすく書いている

4.1 簡潔に書く

①冗長な表現を排除して書く
②具体的に書く
③類語を繰り返さない
④不要な情報を排除して書く

4.2 正しく・わかりやすく書く

①正しい日本語で書く
②文体を統一して書く
③表現・表記を統一して書く
④差別語、不快語を使わない

01

冗長な表現を排除して書く

POINT

ストレートに表現して書く

　もったいぶった書き方、文末表現を排除して書いてください。冗長表現の例としては、「〜行う」「することが可能である」「という」「もの」などがあります。また、自問自答しながら書くと、文章が冗長になるので避けてください。

効果

▷冗長な表現が邪魔をしないので、文が早く読める
▷文が短くなるので、誤解されにくい、わかりやすい
▷文章の内容が記憶に残る

BAD

したがって、国が教育費の無償化を行うことに加えて、育休などの休暇制度の利用促進を行うことで、これらの 2 つの不安を払拭すべきである。

「行う」ではなく「する」と書く。2 つ以上のときに「行う」と書く。

GOOD

したがって、国が教育費の無償化をすることに加えて、育休などの休暇制度の利用促進をすることで、これらの 2 つの不安を払拭すべきである。

まだ表現が回りくどい。説明が長い。

さらに改定

GOOD

したがって、教育費の無償化と産休育休取得率の向上を国が同時に・順次促進することで、これらの 2 つの不安を払拭すべきである。

同時か、順番があるかが原文からは特定できません。記述された順番より、無償化の優先順位が高いことは推定できます。

①少子化対策への反発で、保育園または幼稚園設置での反対運動というものがある。
②また、将来の不安からできるだけ貯金をしておきたいという考えから、結婚を希望しないという人もいる。

概念を指す「という」「もの」を使わずに書いてください。ただし、言葉の引用の場合は「という」と書きます。

①少子化対策への反発で、保育園または幼稚園設置での反対運動がある。
②また、将来の不安からできるだけ貯金をしておきたいと考え、結婚を希望しない人もいる。

単純に削除します。

……が少子化の原因であるといえる。では、どうすれば歩きスマホを抑制することができるのでしょうか、様々な視点で考えた結果、私は法的な禁止が最適であるという結論にいたりま……

自問自答するような書き方をしてはいけません。自問自答した結論から書いてください。

……が少子化の原因である。したがって、最適な抑止策は法的な禁止である。なぜなら、歩きスマホは……

それによって、複数の子どもを持っても時間を確保することが可能になり、ライフワークを充実させることができるようになると考える。

それによって、複数の子どもを持っても時間を確保できるので、ライフワークも充実する。

まとめ

話し言葉には、無駄がたくさんあります。話すように書いてはいけません。最短距離で目的地に到達できるように、冗長な表現を排除して短く書いてください。

02
具体的に書く

POINT

読み手に推測をさせないように、明確に書く

　そのまま理解できるように、具体的に書いてください。婉曲的な表現は読み手を誤解させます。しかし、簡潔に書きすぎると具体性が落ちてしまいます。つまり、極限まで短くしたら、例示を1つ入れてください。例示は、読み手の知識など情報前提を考えてください。

効果

▷読み手に推測をさせないので、誤解されない
▷具体的なので、内容が理解でき、記憶に残りやすい
▷読解が不要なので、内容の検証に意識を向けられる

歩きスマホに対して法的な禁止と罰則を現在導入しているところがある。

歩きスマホに対して法的な禁止と罰則を現在導入しているのは、米国ハワイ州のみである。

具体的に書いてください。

生活費を抑えられる媒体の配布で金銭的不安の払拭を目指す。

生活費を抑えられる地域クーポン券などの配布で金銭的不安の払拭を目指す。

読み手に推測をさせないように具体的に書いてください。

経済的な不安を解消する対策として、包括的な支援を提供すべきだ。

▼

経済的な不安を解消する対策として、給付や減税などの包括的な金銭支援をすべきだ。

曖昧な説明に、例を加えると劇的に変化します。的を射た事例を選んでください。

少子化の原因は保育所不足である。これをハード面とソフト面の2点で解消するべきだ。

▼

少子化の原因は保育所不足である。保育所の増設と運営時間などの拡大の2点で解消するべきだ。

読み手に推測をさせないように具体的に書いてください。

①すぐに、状況をご連絡します。
②一両日中に、見積をご案内します。
③講義内容を反映させて、プレゼンテーションの資料を作ってみましたので、
　添付します。この資料で来週月曜に提案します。

①午前中に、状況をご連絡いたします。

> 「すぐ」の定義が、人や状況によって異なるので、具体的に書いてください。
> そもそも「すぐ」はメールではなく、電話を活用してください。

②明日の17時までに、見積をメールに添付してお送りします。

> 一両日は明日までの意味なので、相手にぼかして伝達できます。しかし、一
> 両日はいつまでなのかを知らない、誤解している人もいます。「明日の17時
> まで」と具体的に書くとビジネスでは誤解が生じません。また、「メール添付」
> と、手段も明記するとよいでしょう。

③講義内容を反映させて、プレゼンテーションの資料を作ってみました。来
　週の月曜に提案するので、木曜日までに添削をしてください。

> 私は、この内容で「添削してほしい」とは思いませんでした。

まとめ

不必要にぼかして書かないでください。簡潔を意識しすぎると
具体性が落ちます。具体的すぎると冗長になります。バランス
が大切です。

03

類語を繰り返さない

POINT

同語反復、同義語反復をしない

1つの文の中で、同じ言葉を繰り返さないでください。

効果

▷ 文が短くなるので、早く読める
▷ 文が短くなるので、記憶に残りやすくなる

携帯電話会社では、標準サービスとして歩きスマホ防止機能サービスを既に
提供している。

携帯電話会社では、標準サービスとして歩きスマホ防止機能を既に提供して
いる。

単純に削除します。

国が、不妊治療の費用を補助することで、不妊治療をあきらめていた人がい
なくなる。

国が、不妊治療の費用を補助することで、あきらめていた人がいなくなる。

単純に削除します。

国が、不妊治療の費用を補助することで、その治療をあきらめていた人がい
なくなる。

代名詞（その〜）を活用する場合もあります。

保育サービスが不足してしまう原因は、保育士不足という人的原因にある。

保育サービスが不足してしまう原因は、保育士不足にある。

「人的原因」と書かなくても意味が通じます。

- まず最初に
- 製造メーカー
- 新しい最新技術
- 最も最安値
- だが、しかし、
- 各グループごと（毎）に

- 「まず」か「最初に」のいずれか
- メーカー
- 最新技術
- 最安値
- 「だが」か「しかし」のいずれか
- 「各グループ」か「グループごと（毎）」のいずれか

まとめ

1文の中で、同じ言葉がないか、内容が繰り返されていないか
を確認してください。

04

不要な情報を排除して書く

POINT

文章作成の目的である「なぜ」と読み手である「誰」にを考えて、必要な情報だけで書いてください。

　自分が書きたいことを書くのではなく、相手が必要な情報だけで書いてください。トピックや目的を再度確認してください。また、相手が知っている情報も割愛してください。

効果

▷ **不要な情報が邪魔をしないので、早く読める**
▷ **不要な情報が邪魔をしないので、記憶に残りやすい**

歩きスマホの抑止策
歩きスマホはデメリットだけでなく、メリットもある。本論とは少し脱線するが……

（脱線は全てカット）

依頼されていない内容は書きません。どうしても書きたいのならば、書く前に依頼者に確認します。

言うまでもないことだが、

大事な内容なので、あえて繰り返して、強調しておく。

役所の文章は、わかりにくい。まさしく、佶屈聱牙^{きっくつごうが}の代表的な文章である。

役所の文章は、わかりにくい。まさしく、堅苦しい文章の代表である。

万人が知っている四字熟語以外は使わない。

車の快適さは、騒音や振動など（専門的には NVH 性能と言う：Noise, Vibration, Harshness）が大きく影響している。

車の快適さは、騒音や振動などが大きく影響している。

（　　）の中の情報がすべて不要。相手が素人ならば、NVH について詳しく知る必要はありませんね。解説が不要な専門用語です。

相手が専門家

> 車の快適さは、NVH が大きく影響している。

相手が専門家ならば、NVH と書いてください。専門家どうしならば、むしろ略語を活用します。ただし、新人向けの資料ならば、初出時に Noise、Vibration, Harshness（NVH）とスペルアウトして書き、次からは略語（NVH）を示して書いてください。

まとめ

相手が知っている情報ならば、削除してください。ことわざ、四字熟語よりも、相手が理解できる言葉を選んでください。

比喩の使い方

比喩は、相手がその言葉を知らないときに、すでに知っている情報を使って説明をします。単純に言葉を定義しただけではわかりにくい場合に活用します。では、活魚、鮮魚、熟成魚の違いを説明してみましょう。

活魚　　：生きている魚
鮮魚　　：死んでいるけれど、新鮮な魚
熟成魚：本来の旨味を引き出した魚

活魚と鮮魚の違いは、言葉の定義だけで十分に伝わりますね。しかし、熟成魚の説明はこれだけでは伝わりません。「文章ではわからないので、実際に食べくらべてください」と書かれても困惑するだけです。そこで、比喩を活用してイメージをつかんでもらいます。

鮮魚とは、冷凍バナナだと思ってください。シャリシャリとした食感とほのかな甘みが感じられます。

熟成魚とは、完熟バナナだと思ってください。少し黒ずんできたバナナは、一番の甘みを味わうことができます。熟成魚はこれと同じです。

これでイメージが伝わりましたね。このように未知の情報を既知の情報でたとえることがポイントです。ピッタリくる例示ができないと、むしろ混乱させてしまうので注意が必要です。

4. ワンワード・ワンミーニング

文章

段落　　　　同じ意味なら、同じ単語を使って書く

文　　　　- - - - - 多角的視点 - - - - - - - - - -

- - - - - - - - - ○多角的視点 - - - - -

今ここ 単語　　　- - - - - - - - - ×論理的視点 - - - - - -

ここでは、最少単位である単語レベルについてのルールを詳しく見ていきます。

特徴 7 悪い文章は、冗長な表現や曖昧な説明がある。良い文章は、簡潔にわかりやすく書いている

4.1 簡潔に書く

①冗長な表現を排除して書く
②具体的に書く
③類語を繰り返さない
④不要な情報を排除して書く

4.2 正しく・わかりやすく書く

①正しい日本語で書く
②文体を統一して書く
③表現・表記を統一して書く
④差別語、不快語を使わない

01
正しい日本語で書く

POINT

誤字・誤用をなくして書く

ら抜き言葉、い抜き言葉
並列助詞の誤用
誤字・脱字
慣用句の誤用
敬語を正しく使う

効果

誤字脱字など、正しく書かれていない文を目にすると、そこで理解が一瞬止まってしまいます。ただし、「的を得た話」「ですます調」のように、多くの人が間違えて使用している慣用表現や言葉ならば、全く気になりません。

ら抜き言葉、い抜き言葉

多くの人が歩きスマホ防止機能を利用してないことから、その効果も得られてない。自分で止めれないのだから、義務化すれば一定の効果が得られる。

▼

多くの人が歩きスマホ防止機能を利用していないことから、その効果も得られていない。自分で止められないのだから、防止機能を義務化すれば一定の効果が得られる。

並列助詞の誤用

金銭的な不安を避けるために、子どもを持たなかったり、少なくしている。

▼

金銭的な不安を避けるために、子どもを持たなかったり、少なくしたりしている。

誤字脱字

動機の新入社員の方々と議論する機会は……
伺うことが出来て、変刺激を受けました

同期の新入社員の方々と議論する機会は……
伺うことが出来て、大変刺激を受けました

慣用句の誤用

首相は理不尽な批判を受けたので、憮然とした表情で答えた。

> 憮然とは、誤：怒りや不快感を示す様子
> 　　　　　正：失望してぼんやりする、驚いて呆然とする様子

首相は理不尽な批判を受けたので、不快な表情で答えた。

敬語を正しく使う

/ BAD

応接室にご案内させていただきます。

「…させていただく」は、基本的には，自分側が行うことを，ア）相手側又は第三者の許可を受けて行い，イ）そのことで恩恵を受けるという事実や気持ちのある場合に使われる。出典：『敬語の指針』（文化庁）

/ GOOD

応接室にご案内いたします。

許可を受けずに、能動的にする場合は、「いたします」を使います。

まとめ

正しい日本語に関する情報は、「国語に関する世論調査」　など、文化庁の HP にたくさん掲載されています。また、慣用句等の意味や漢字の表記に対する印象なども記載されています。

02

文体を統一して書く

POINT

です／ます体、だ／である体などを統一して書く

- -

　くだけた話し言葉で文章を書かないでください。くだけた表現を使うと、相手に違和感を覚えさせたり、内容の信ぴょう性が低下したりしてしまいます。また、1つの文章の中では、1つの文体で統一してください。これは改行のルールや小見出しも同じです。空白行や小見出しや段落や文によって入れたり入れなかったりするのはやめてください。

効果

▷ くだけた言葉遣いでは、幼稚な印象を与える
▷ 違和感を与えないので、理解と検証に意識を向けてもらえる

女性が仕事をしていれば、妊娠・出産を経て復帰しても、時短勤務等で、収入は減る。保育費・教育費・生活費・住居費・その環境を整えるために必要な費用。子どもが成人するまでの費用は本当に多額です。

「である」、体言止め、「です」が混在しています。

女性が仕事をしていれば、妊娠・出産を経て復帰しても、時短勤務等で、収入は減る。保育費・教育費・生活費・住居費・その環境を整えるために必要な費用がある。子どもが成人するまでの費用は本当に多額である。

休暇制度がちゃんと運用できていない。

くだけた口語表現で書かない。

▼

休暇制度が適切に運用されていない。

ただお金を出せばいいというものではなく、少子化問題は、色んな角度から対策を講じていかないといけない。

▼

単にお金を給付すればよいのではなく、少子化問題は、様々な角度からの対策が必要である。

出生率を向上させるには、やっぱり男性の育児休暇取得率がすごく大事である。

出生率を向上させるには、やはり男性の育児休暇取得率が非常に／きわめて大事である。

文体などを統一して書くと、相手に違和感を与えません。

03

表現・表記を統一して書く

POINT

単語、単位など表現を統一して書く

以下に代表的な表現・表記のブレを紹介します。

同じ意味なら、同じ言葉を使う
和暦・西暦の統一
数字：横書きで基数・序数は算用数字
漢字・ひらがな
全角・半角
用語：パワートレイン・ドライブトレイン
長音：コンピューター／コンピュータ

効果

▷解釈が不要になるので、誤解なく早く読める
▷解釈が不要になるので、記憶に残る
▷表現が統一されるので、早く文が書ける

同じ意味なら、同じ言葉を使う

BAD

結婚条件は、年齢や相手の性格、収入など、人により条件は様々である。しかし、結婚後の生活への不安感から収入の壁が問題になっているように感じられる。

GOOD

結婚条件は、年齢や相手の性格、収入など、人により条件は様々である。しかし、結婚後の生活への不安感から収入の条件が厳しくなっているように感じられる。

同じ意味なら同じ言葉を使います。

和暦・西暦の統一

BAD

子どもの平均数が、1974年の2.05人以来、低下の一途をたどり、平成23年には1.39人となった。

GOOD

子どもの平均数が、1974年の2.05人以来、低下の一途をたどり、2011年には1.39人となった。

数字：横書きで基数・序数は算用数字

1950 年時点では 12.1 人の働く世代で 1.0 人の高齢者を支えて、……（中略）……事実、子ども一人を育てるために必要な金額は 3 千万円と試算されている。二人目、三人目を持つと、その分お金がかかる。

1950 年時点では 12.1 人の働く世代で 1 人の高齢者を支えて、……（中略）……事実、子ども 1 人を育てるために必要な金額は 3 千万円と試算されている。2 人目、3 人目を持つと、その分お金がかかる。

算用数字で統一。

漢字・ひらがな

BAD

下記の通り、ジェンダー研修のカリキュラムをご案内いたします。追って事前課題を送付します。この研修は必須なので、自業務の都合では欠席を認めない事があります。その様なときは、上司より連絡をして頂く必要があります。

GOOD

下記のとおり、ジェンダー研修のカリキュラムをご案内いたします。おって事前課題を送付します。この研修は必須なので、自業務の都合では欠席を認めないことがあります。そのようなときは、上司より連絡をしていただく必要があります。

公務員向けの「公用文における漢字使用等について」（文化庁）に即してリライトしています。これは民間企業でも活用できるルールです。

まとめ

表現・表記を統一すると、わかりやすい文章になります。

04

差別語、不快語を使わない

POINT

読み手を不快にさせない

　差別語とは、特定の人を不当に低く扱うことを目的とした語句・言葉です。嘲笑、軽蔑、侮辱、見下すために使われます。不快語とは、差別を連想させる語感のある言葉・文脈です。

　このあと、差別的な言葉や表現を掲載します。具体的な例示は、差別を助長する目的ではありません。日常生活の中で知らず知らずのうちに刷り込まれています。したがって、悪意がなくても、差別や不快語を使用していることに気づき、差別をなくしていくために掲載します。事例を見て初めて気づく人も多いでしょう。

効 果

▷ 人を不快にしない
▷ 人権が守られる

子どもに関する言葉
みなし子、落ちこぼれ、貰い子

性別に関する言葉
男のくせに、女のくせに、職場の花、ホモ、オカマ、オネエ、レズ、オナベ

心身や病気に関する言葉
手短か、片手落ち、びっこ、きちがい、知恵遅れ、植物人間、痴呆症、めくら判

職業に関する言葉
女中、浮浪者、くずや、スチュワーデス、チェアマン、サラリーマン、土方、土建屋

人種・民族に関する言葉
外人、ヤンキー、チョンボする、エスキモー（商品名を除く）、支那（支那そば、支那竹などを除く）

書き換えたい言葉
障害者→障がい者（障碍者）
啓蒙活動→啓発活動
夫婦共稼ぎ→夫婦共働き
ハーフ（DNA等が半分の印象がある。単語では好ましくないが、I'm half Japanese half American ならOK）英語では mixed や part, dual などで表現されている。

まとめ

何気なく使用している言葉でも、差別語や不快語があることに気づいてください。気づいたら、調べて言いかえてください。

これで、33 のルールを全て学びました！
このあとは、定着を図るための演習に挑戦してください！

PART 4
総合演習

次項の解答用紙をコピーしたり、パソコンを活用して文章を作成したりしてください。

1.章立ての練習:「新技術提案」

課題・設定

　あなたは、建築設計会社の技術者です。取引先より、企画コンペの参加を依頼されました。仕様書をみると、別案件で担当した新技術・新工法を今回の業務でも提案すべきだと思いました。

　そこで、技術提案書を作成するにあたり、新技術の提案をする部分の章立てをどのようにすればよいかを書き出してください。

解答用紙

章立て（小見出し）のみを書き出してください。

1.

2.

3.

4.

5.

6.

　下記のように、6章に分けて説明してください。また、この提案でライバル社に勝てるかなど事前検討が必要です。

1.現地の状況・特性

　場所・対象物について提案している技術者が熟知していることを述べてください。そして、その場所や対象物に新技術の適用できる現況にあることを説明してください。この現状の分析が不十分だと、信頼感や妥当性が低下してしまいます。

2.従来の工法の問題点・不満点・目的

　従来の工法では「なぜダメなのか、どのような問題が現在あるのか」を説明してください。続けて、従来の工法では解決ができないこと、新技術の必要性を説明してください。

3.新技術・新工法の紹介

　従来の方法と新技術を比較して、優位性を説明してください。視点は品質、安価、短納期（QCD）です。

4.新工法が現地に適合する理由・妥当性・前例の提示

　単なる技術紹介ではなく、新技術を適用することが妥当である理由を説明してください。また、今回の提案に最も近い前例の紹介も必要です。前例を示せば、お客様は安心感が得られます。前例がなければ「なぜ、うまく適用できるのか」を提示してください。

5.採用後のイメージ・段取り・スケジュール

　導入時の段取りなど従来との違いを中心に説明をしてください。

6.今後の課題・懸念点・追加提案など

　導入にあたって、懸念される問題点や反論の先取りなどをしてください。

———————

　なお、新技術の提案に限らず、ビジネスでは下記の3つの視点で事前検証が必要です。このような視点は文章力ではなく発想力や実務経験に依存します。参考までに紹介します。

1.自社で、できますか？

　自社・自分でできますか？手配できますか？守備範囲を超えた仕事は請け負えません。

2.ライバル社に勝てますか？

　何を理由にお客様は弊社を選んでくれるのですか？品質ですか？納期ですか？価格ですか？それとも総合評価ですか？見方を変えると、お客様の一番の不満はなんでしょうか？お客様の判断基準は、価格のみですか？それとも一定品質を維持したうえで、最安値でしょうか？ライバル社に勝つことを目的に新技術を提案すると、論理が歪みます。お客様の視点で必要か否かを考えてください。

3.儲かりますか？

　継続して儲かりますか？同じお客様でなくても、その内容で継続して利益が出ることが大事です。赤字では本末転倒です。儲かり続けなければ、そのビジネスに挑戦する意義は大きく下がってしまいます。

2.総論の作成:「公務員のヒゲ」

課題・設定

　下記の状況と資料を参考にして、「公務員のヒゲ」について総論を書いてください。30秒で読めるように記述してください。このとき、目的の段落と要約の段落の2つに分けて、簡潔かつ具体的に書いてください（3-400文字）。

状況

　あなたは、Ａ市の職員課に勤めています。先日、〇×県Ｉ市が、職員の「ヒゲ禁止」を明文化し、新聞やTVで話題となりました。たしかに、執務時間はプライベートな時間ではなく、全くの自由な服装をして良いわけではありません。しかし、ヒゲ禁止は行き過ぎであるとの声が職員からあがっています。Ａ市でも、ヒゲをはやしている職員がいます。そこで、上司から今後の対応を検討することが求められているという話がありました。あなたは、職員のヒゲについての職員課の対応を検討すべく、情報収集して報告してほしいと依頼されました。資料を参考に、報告書をまとめてください。この報告書は直属の上司だけでなく、他部署の部長をはじめ管理職にも回覧される予定です。

お願い

　与えられた資料のみで作成してください。ご自身で追加リサーチはしないでください。

解 答 用 紙

次頁の資料を活用して、抜けている総論の情報を埋めてください。

テーマ：公務員のヒゲ

現状・背景（そもそも、なぜこの報告書を書くことになったか、その経緯）

現状・背景

問題点・必要性（この報告書は何のために作成するのか）

達成目標（トピック＋目的　○○を〜する）

ヒゲに関する規定について調査しましたので、ご**報告**いたします。

結論、キーポイント

資料

　20XX 年1月、中華人民共和国の B 省 C 市では、多くの人々に国家のイメージを代表すると認識されている国家公務員の服装や行動を制限するため「公務員の行為規範」を定めている。男性公務員は、長髪、カラーの毛染め禁止。チョッキ、半ズボン、スリッパの着用およびはだしのまま靴を履くことの禁止。女性公務員は、奇抜な髪型、ネイルアート、人目を引く入れ墨の禁止。また胸元や背中が大きく開いた服や、ヒザ上丈のミニスカート、ショートパンツの着用などを禁止している。

　〇〇県の XX 知事は20XX 年9月24日、市町村議会議員らがつくる「教育改革を市町村からはじめる会」の懇談会に出席した。食育と学力をテーマにした懇談会では、教師の服装がジャージやジーパンといった私服に近い恰好をしていることを問題視する意見も出た。XX 知事もこれに賛同したかっこうで、「公務員として働く以上、服装について注意してもいいと思う」と話した。

　〇〇県弁護士会人権擁護委員長の△△弁護士は「無精ヒゲはともかく、きれいに整えられたヒゲは社会的に容認されている。全面禁止は人格権の侵害に当たる恐れがある」と指摘しています。また総務省公務員課では「全国の自治体の規定を把握しているわけではないが、髪型やヒゲなどについて規定したり、規定が問題になったりした例はこれまでに聞いたことがない」としています。つまりヒゲについての明確な規定はありません。

　20XX 年5月に飲酒運転を行っていたことが判明して懲戒免職処分となった〇〇県 K 市の職員は、処分の無効を求める訴えを起こ

した。20XX 年4月、この訴訟の二審（〇〇高等裁判所）は「業務と無関係な運転で、運転していた距離も短く、交通事故も起こしておらず、アルコール検知量は道路交通法違反の最低水準であり、免職処分は過酷で裁量権を逸脱している」としたうえで、免職を取り消す判決を言い渡した。

「ヒゲ禁止」のプロ野球チームが、日米にひとつずつある。米はニューヨークヤンキース。日は読売ジャイアンツ。どちらも規律が厳しいことで有名だ。日本ハムから FA 宣言して読売ジャイアンツへ移籍した〇〇選手も、トレードマークのヒゲを剃った。「ヒゲがあった方がよかったのに…」と残念がったヒゲ好き女性も多かったようだ。一方、レッドソックスのスターであった、XX 選手も、ヤンキースに移籍したときに、ヒゲを剃って長髪も切った。ふたりともチームへの忠誠を誓うことを態度で示したようだ。

　相手と言い合いになり、仲裁に入った女性の顔を殴ってけがをさせたとして、〇〇県警 XX 署は29日、〇〇地方整備局の男性職員を傷害の疑いで現行犯逮捕した。職員は調べに対し、「殴ったのではなく、払った手が当たった」と供述しているという。これが公務員の服務規程違反（信用失墜行為）に該当するかは、今後の調査を要する。

（一部の情報は、演習用のフィクションです）

（目的の段落）

現状・背景

　〇×県I市が、職員の「ヒゲ禁止」を明文化し、新聞やTVで話題となりました。（たしかに、執務時間はプライベートな時間ではなく、全くの自由な服装をして良いわけではありません。しかし、ヒゲ禁止は行き過ぎであるとの声が職員からあがっています）

　括弧内の情報は、皆が知っている当然のルール等なので、省略できます。このとき、仕事の依頼者（上司）に、省略してよいかを確認する必要があります。

問題点・必要性

　A市でも、ヒゲをはやしている職員がいます。そこで、今後の職員課の対応を検討するために、

　ヒゲをはやしている人がいる。つまり、「同じ前提であること」を書きます。また、「職員課で対応の検討が必要である」ことも書いてください。

達成目標

　ヒゲに関する規定について調査しましたので、ご報告いたします。

　本来は、小見出しもなく、情報をつなげて書きます。上記は説明のために細かく区切っています。

（要約の段落）
結論、重要な情報A、B

　ヒゲについての明確な規定はありませんでした。総務省公務員課では「全国の自治体の規定を把握しているわけではないが、髪形やヒゲなどについて規定したり、規定が問題になったりした例はこれまでに聞いたことがない」としています。また、○○県弁護士会人権擁護委員長の△△弁護士は「無精ヒゲはともかく、きれいに整えられたヒゲは、社会的に容認されている。全面禁止は人格権の侵害に当たる恐れがある」と指摘しています。

　結論から書いてください。また、重要な情報から順に説明をしてください。したがって、所轄官庁の見解、弁護士の意見の順で並べています。

　この解答例は、上司や他部署の人が読むことを前提にしているので、ですます体で書いてあります。ただし、引用箇所は原文のである体で引用してください。

　なお、この書籍は横書きですが、原文が漢数字なら、漢数字のままで引用してください。変えた場合は、『○○』より著者要旨作成などと明記してください。

　また、引用文が長い場合は、前略、中略、後略をしてください。ただし、発言者の意図が変わってしまうような引用はしてはいけません。

まとめ

　実際の業務では、この演習問題の設定のように明確な依頼はなく、通常の会話の中から、必要な情報を拾い出して、ストーリーにする必要があります。

このとき活用できるのが、総論の枠組みです。そもそもの経緯は、目的の段落の現状・背景から書き出してください。そして、目に見える問題や将来の問題、そして、何のためにこの資料を作成しているかを書き出してください。

　わからない情報があれば、依頼者に質問をして、最終的には、だれが、何のために、集めた情報を活用するのかを整理・確認してください。最終活用目的を知らないと、資料をまとめるときの視点がぶれてしまうかもしれません。

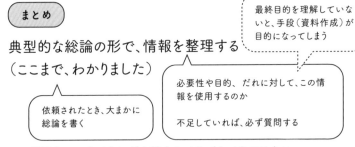

まとめ

最終目的を理解していないと、手段（資料作成）が目的になってしまう

典型的な総論の形で、情報を整理する
（ここまで、わかりました）

依頼されたとき、大まかに総論を書く

必要性や目的、だれに対して、この情報を使用するのか

不足していれば、必ず質問する

△　意見文：A市でもヒゲを禁止すべき／すべきではない
○　レポート：ヒゲに関する規制の情報収集・報告書

　最後は依頼者への確認です。得られた情報を総論の枠組みで、整理してください。そして、依頼者に「ここまで、わかりました。しかし、○○の情報が不足しています」と、尋ねてください。

　それと同時に、達成目標も確認が必要です。単なる情報収集か、それとも、ヒゲの是非について自分の意見を述べるかで、その先の調査や記述の方向が大きく変わります。こうした一連の質問や確認をして、現状や背景を詳しく説明すべきか、簡潔にしてもよいかを検討してください。

3.文章の作成:「日本は少子化をどう防ぐか?」

(問題解決文)

概要とねらい

　まず、要約文を段落の先頭に書く練習をします。要約文は、その段落を読まなくても、概要がわかるように総括して書いてください。このとき、総論の要約の段落の情報やキーワードと連動させて書きます。本来は、総論から各論の要約文を書くので修正は不要のはずです。しかし、いろいろと詳細の記述をしていると、修正が必要になってきます。

　もう1つの演習は、原因のみ、対策のみを読んでその対になる情報は何かを考える内容です。要約文では対になっていても各論では、原因と対策がずれている文章をよく見かけます。情報の呼応を明確にして書く練習をします。

　課題1　下記の文章は、ある人が少子化の原因について3つ記述しました。しかし、先頭に要約文が書かれていないか、不適切な情報となっています。要約文だけ読めば、概要がわかるように、下線部に書き直してください。

①要約文：

女性が男性と同様に社会の中で労働力としての価値を持ち始める
とともに、女性も社会の中で仕事を通して自己実現することを人生
の目的とするようになった。したがって、仕事のスキルを最も磨か
なければならない時期が結婚や出産の時期と重なってしまい、個人
ではどうすることもできない。結果として仕事の方を優先するので、
結婚や出産、子育てを後回しせざるをえない。

②要約文：

_____

　若い世代の生活について以下に述べる。不景気のあおりを受けて
若い世代の非正規労働者が増えたり、正規労働者でも十分な収入が
得られなかったりしている。経済的に余裕がないため、子供は一人
だけにして、できるだけたくさんのお金をその子に投資するほうが
幸せだと考えたり、子育てにはお金も時間もかかるし、子供を作ら
ないほうが楽だと考えたりする人が増えている。

③要約文：

_____

　晩婚化の原因として、金銭的に余裕がないことと、子育てにかか
る費用が、以前に比べて大きく増大していることがある。一方で、
会社員の平均年収は低下しており、金銭面での乖離が生じている。
また、企業などの組織に出産・育児に対して意欲的な風土がないこ
とが挙げられる。女性の産休や男女の育休に対して、好意的でない
組織・人物も多く存在している。そのため、働き始めても、気軽に
出産・育児をすることが難しくなっている。

解答例

①仕事のスキルアップと出産の時期が重なっている**ので**、出産が後回しにされた。

②自分自身の収入の不安定さと子育ての費用が増加している**ので**、子どもが減ってきた。

③金銭的余裕が不足している**ので**、少子化を進めている（②にまとめる）。

③' 企業・組織も産休・育休に好意的でないので、少子化を進めている。

③は、2つのトピックがあるので、段落を2つに分ける必要があります。したがって、要約文も2文です。また、前半の情報は、②のお金に関する内容なので、前の段落に情報をまとめ直してください。

1.保育園の量と質の不足

　保育園の絶対数の不足と開園時間の短さが、子育て不安につながり、子どもを持つことをためらわせている。共働きの場合、子どもを預けないとフルタイムで働き続けられない。しかし、いまだに保育園の絶対数は不足したままだ。また、認証保育園の場合は、夜勤勤務者は、ほぼ預けられない。このように保育園の量と質の不足が、働き方の制限や離職を恐れる気持ちにつながり、少子化を進行させている。

2.保育園の改善方法

> **POINT**
> キーワードを見つけ、原因と対策のつながりを明確に見せてください。特に対策の内容は、原因の情報に呼応させて、具体的に書いてください。

（要約文から書く）

3.休暇制度の不備

（要約文から書く）

POINT
1. 対策の段落の情報から、どのような原因が書かれていなければならないのかを推測してください。原因はなるべく具体的に書いてください。
2. 原因は対策の段落と同じくらいの情報量で書いてください。

4.休暇制度の拡充

　男女ともに、産休・育休の取得を義務とする法を整備すれば少子化に歯止めがかけられる。女性の育休はもちろん、男性の育休の取得も徹底させ、違反企業には罰則を適用すべきだ。すると、制度はあっても運用が不十分と指摘されることがなくなる。そして、従業員が取得した場合は、法人税減税を実施するなど、企業にとっても育休の取得がメリットになるようにすべきである。このように休暇の増加は、子育てがしやすい環境をもたらすので、出生率も増加に転じる。

MEMO

対策

2. 保育園の改善方法

　保育園の数を増やすだけでなく、保育サービス等を24時間提供することにより、少子化に歯止めがかけられる。国は必要な数だけ保育園を早急に整備すべきだ。また、休日保育、そして、病児保育など支援の幅も広げるべきである。このように子どもはいつでも預かってもらえる社会になれば、出生率も増加に転じる。

原因

3. 休暇制度の不備

　育児休暇制度の運用の低さが、少子化に拍車をかけている。出産・子育てには、十分な出産休暇と育児休暇が必要である。しかし、資金不足から制度が不備であることも多い。特に男性の育休の取得は低水準である。このような制度と運用の不足が、「子どもを持ったら仕事はできない」と考えさせている。

4.文章の作成:「歩きスマホの抑止策」

> 課題　後掲の資料を参考にして、下記のテーマで意見文を
> 書いてください。今回の学習内容の総仕上げです。
> この課題は入門ではなく上級です。ぜひ挑戦してく
> ださい。

- この課題文を含め、資料が適切な正しい日本語で書かれているという保証はありません。
- 歩きスマホの具体的な抑止方法を明示してください。『天声人語』のようなエッセーのように書いてはいけません。
- 情報の要約ではありません。また、すべての情報を使う必要はありません。基本的に掲載されている資料で作成してください。なお、一部の情報はフィクションです。

テーマ：歩きスマホの有効な抑止方法（達成目標）
設問1　情報の取捨選択をする
設問2　意味の固まりを見つけ、章立てを作る
設問3　要約文をトピックごとに書く
設問4　全文作成

課題　達成目標（歩きスマホの有効な抑止方法）を意識し
　　　て、不要な情報に×印をつけ、必要な情報に○印、
　　　迷う情報は△印をつけてください。

例　　×　2008年1月中華人民共和国の河北省焦作市では、多くの人々に国家のイメージを代表すると認識されている国家公務員の服装や行動を制限するため「公務員の行為規範」を定めている。男性公務員は、長髪、カラーの毛染め禁止、チョッキ、半ズボン、スリッパの着用および裸足のまま靴を履くことの禁止。女性公務員は、奇抜な髪型、ネイルアート、人目を引く入れ墨の禁止。大きすぎるアクセサリーやイヤリング、アンクレットなどの禁止。また胸元や背中が大きく開いた服や、ヒザ上丈のミニスカート、ショートパンツの着用などを禁止している。

　　　△　大阪府の橋下徹知事は2009年9月24日、市町村議会議員らがつくる「大阪教育維新を市町村からはじめる会」の懇談会に出席した。食育と学力をテーマにした懇談会では、教師の服装がジャージやジーパンといった私服に近い恰好をしていることを問題視する意見も出た。橋下知事もこれに賛同したかっこうで、「公務員として働く以上、服装について注意してもいいと思う」と話した。

　　　○　A県弁護士会人権擁護委員長の△△弁護士は「無精ヒゲはともかく、きれいに整えられたヒゲは社会的に容認されている。全面禁止は人格権の侵害に当たる恐れがある」と指摘しています。また総務省公務員課では「全国の自治体の規定を把握しているわけではないが、髪型やヒゲなどについて規定したり、規定が問題になったりした例はこれまでに聞いたことがない」としています。つまりヒゲについての明確な規定はありません。

　　　×　2007年5月に飲酒運転を行っていたことが判明して懲戒免職処分となった兵庫県K市の職員は、処分の無効を求める訴えを起こした。2009年4月、この訴訟の二審（大阪高等裁判所）は「業務と無関係な運転で、運転していた距離も短く、交通事故も起こしておらず、アルコール検知量は道路交通法違反の最低水準であり、免職処分は過酷で裁量権を逸脱している」とした上で、免職を取り消す判決を言い渡した。さらに、同年9月に最高裁判所は、同市の上告を棄却し、免職取り消しが確定した。これを受け同市は、飲酒運転での職員の懲戒処分を、原則懲戒免職から停職以上へと緩和した。

「ヒゲ禁止」のプロ野球チームが、日米にひとつずつある。米はニューヨークヤンキース。日は読売ジャイアンツ。どちらも規律が厳しいことで有名だ。2007年、日本ハムからFA宣言して読売ジャイアンツへ移籍した小笠原道大選手も、トレードマークのヒゲを剃ったことは記憶に新しい。「ヒゲがあった方がよかったのに…」と残念がったヒゲ好き女性も多かったようだ。一方、レッドソックスのスターであった、ジョニー・デーモン選手も、ヤンキースに移籍したときに、ヒゲを剃って長髪も切った。ふたりともチームの忠誠心を誓うことを、態度で示したようだ。

 たばこのポイ捨てを注意して相手と言い合いになり、仲裁に入った女性の顔を殴ってけがをさせたとして、福岡県警中央署は29日、九州地方整備局の男性職員を傷害の疑いで現行犯逮捕した。職員は調べに対し、「殴ったのではなく、払った手が当たった」と供述しているという。これが公務員の服務規定違反（信用失墜行為）に該当するかは、今後の調査を要する。

〔資料〕

　平成30年6月には中国、西安のショッピングモールの前に「歩きスマホ専用レーン」が設置された。幅1メートル、長さ100メートル程度で、一般の歩道（「歩きスマホ」をしない人のための道路）と区別するために、赤・緑・青でペイントされ、「低頭族専用道路（歩きスマホ専用レーン）」と書かれている。「低頭族」は「歩きスマホ」をする人の意味で、中国でも社会問題になっている。

　A新聞によると、ドイツのバイエルン州のアウクスブルクでは2016年4月に、「歩きスマホ」歩行者のトラムへの接触を防ぐため、信号灯を道路に埋め込み、スマホを見ていても視界に入るようにした。「信号灯が赤であれば止まれ」とわかるので、「歩きスマホ」をして下を向いていても道路に埋まっている信号が赤であれば、止まらなくてはならないとわかる。

　神奈川県大和市は、全国で初めて、いわゆる「歩きスマホ」を条例で禁止した（令和2年7月1日施行）。「何人も、公共の場所におい

て歩きスマホを行ってはならない。」（５条１項）及び「何人も、公共の場所におけるスマホ等の操作は、他者の通行の妨げにならない場所で、立ち止まった状態で行わなければならない。」（５条２項）と規定して、禁止している。なお、歩きスマホをスマホ等の画面を注視しながら歩行すること（２条５号）、スマホ等をスマートフォン、携帯電話、タブレット端末又はこれらに類する物（２条４号）、公共の場所を市内の道路、駅前広場、公園その他の公共の用に供される場所（室内及びこれに準じる場所を除く）。（２条１号）と定義付けている。スマホ等の「画面を注視しながら歩行すること」は禁止しているが、「通話しながら歩行すること」は禁止していない。罰則規定はない。

　視覚障害者の意見として、「たいていの方が、白いつえを見て、どいてくださるのですが、歩きスマホが増えてから、ぶつかられることが増えました。特に、歩きスマホを前提とした『ポケモンＧＯ』が配信されてからは、恐怖心が増えました」と述べている。

　歩きスマホの問題に詳しい〇〇大学のＡ教授は「歩きスマホの規制から始まるのはおかしい。まずは啓発教育が必要だ。電車内で通話する行為は、携帯が普及し始めた当時はあったが、今はほとんど見られない。」と、規制ではなく人々の意識改革の重要性を指摘し、「禁煙の場は多いが、たばこをどうしても吸いたいときは、喫煙場所が設けられている。スマホも、歩いて操作するのがダメなら、操作しなければならないときにどうするのか方法を提示する必要がある」と提言した。

　国土交通省によると、携帯電話やスマートフォンを操作していて駅のプラットホームから転落する事故は、2016年は18件、2017年

は19件であった。2018年は45件と年々増加傾向。ただし、通話でない場合、電車内での使用等にマナーの問題はないという。

2016年に掲示された神戸新交通三宮駅のマナーポスターの「歩きスマホをしとる人　今日から略して『あホ』と呼んだんねん！！」が話題。話題のポスターは、「地域連携の一環として乗車マナー向上・啓発のためのポスター」で、2007年から沿線の学校に声をかけ、美術系の学生さんに協力してもらって作成しているという。

携帯電話会社Ａによると、99％が「歩きスマホは危険」と感じながら、73％が「歩きスマホの経験がある」と回答し、歩きスマホ経験者の66％が「人にぶつかったことがある」と答えた。同社では、標準サービスの一つとして「歩きスマホ防止機能」を提供している。しかし、これを活用するのは、「歩きスマホは慎むべきだ」と考える方であり、事故を起こす人は、このサービスを利用しない。

歩きスマホをしている人をあえて狙ったトラブルに遭う可能性があります。歩きスマホをよく思わない人が、わざとぶつかって文句を言ったり、攻撃されるといった事例もあります。また当たり屋は、歩きスマホをしている人にわざとぶつかり、元々壊れていたスマホを地面に落とし、スマホが壊れたと装って新しいスマホ代や修理代を請求してきます。金銭請求またはショップに同行し新しいスマホを購入させ、のちに転売して利益を得る詐欺です。数人で行う手口や、単独で行う手口など全国で多くの犯罪が発生しています。

○○弁護士は、「そもそも、歩きスマホは立証が難しい」「規制や取り締まりをする側の負担も尋常ではない。通常の業務に支障が生

じてしまう」「大人であればスマホを使っていい状況か否か判断できるはず。その判断ができないという前提で法規制すべきというのは国民をバカにした話である」と述べている。

　ポケモンGOは様々なメリットがある。鳥取県は、砂丘を「ゲーム解放区」宣言してから訪問者が増えただけでなく、砂丘の動植物に興味を示す人もでてきた。また、ゲームをより楽しむには、外出して歩き続けなければならないため、体を動かす効果として精神疾患の改善が指摘されている。フロリダのある少女は、やり始めたら楽しくて外出するようになり、ゲームのために出かけるなど、うつ症状の改善効果があった。また、不安障害のある男性は、ポケモンGOがきっかけで、家の外で過ごすことが可能になったという。

　ハワイのホノルル市で平成29年10月25日、道路横断中のスマホのチェックやゲームなどの行為を禁止する条例が施行された。違反すると罰金を科される。いわゆる「歩きスマホ」禁止だ。スマホだけでなく、タブレット端末、ノートパソコン、ゲーム機器、デジタルカメラも罰則の対象。緊急連絡は罰金の対象外。「歩きスマホ」による罰金はアメリカの主要都市では初めて。罰金は35ドル（約4,000円）から99ドル（約12,000円）で、違反した回数によって額が異なる。初めてなら35ドル。

　シカゴやニューヨークでも「歩きスマホ」による罰金制度の導入を検討している。ニューヨークのデブラシオ市長も2018年3月のプレス向けの会合で、「歩きスマホ」の禁止と罰金制度の導入を検討していることを明らかにした。まだ「市長のアイデア段階」であり、具体的な罰金の額や導入時期が決まっているわけではないが、

ニューヨークのような大都市で歩きスマホが禁止になることがあれば、影響は大である。

　携帯端末でのメッセージ入力時に「スマートフォンの向こう側の景色」を背景画面として表示させる「透過技術」なる特許をX社が取得した。歩行中にスマートフォンを見たり操作する「歩きスマホ」。端末カメラで撮影する動画をリアルタイムで画面に表示させることで、歩きスマホをしながら「スマホの向こう側」の様子も同時に確認できる。

1文目だけ引用して必要な情報と不要な情報を説明します。

平成30年6月には中国、西安のショッピングモー…
×：抑止方法ではない。共存方法。

A新聞によると、ドイツのバイエルン州のアウクス…
×：抑止方法ではない。共存方法。

神奈川県大和市は、全国で初めて、いわゆる「歩きス…
○：対策例

視覚障害者の意見として、「たいていの方が、白い…
○：問題点

歩きスマホの問題に詳しい〇〇大学のA教授は…
△：分析のしかたにより必要な情報

国土交通省によると、携帯電話やスマートフォン…
○：問題点

2016年に神戸新交通三宮駅のマナーポスターの…
△：分析のしかたにより必要な情報

携帯電話会社 A によると、99% が「歩きスマホは危…
〇：現状

歩きスマホをしている人をあえて狙ったトラブル…
〇：問題点

〇〇弁護士は、「そもそも、歩きスマホは立証が…
〇：課題

ポケモン GO は様々なメリットがある。鳥取県は、…
×：抑止方法ではない。メリット。

ハワイのホノルル市で平成 29 年 10 月 25 日、道路横…
〇：対策例

シカゴやニューヨークでも「歩きスマホ」による罰…
〇：対策例

携帯端末でのメッセージ入力時に「スマートフォンの向こう…
×：抑止方法ではない。共存方法。

設問2　意味の固まりを見つけ、章立てを作る

条件：

前問で必要と判断された情報のみを活用してください。歩きスマホのメリットや共存方法は割愛してください。

手順：

意味の固まりを意識して、トピックを導き出してください。

▼

そのトピックの接続・構成を考えてロジックツリーを作成してください。

▼

ロジックツリーから、文章の小見出し、つまり、章立てを作成してください。

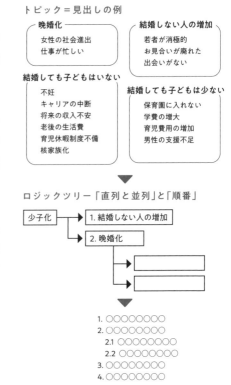

トピック＝見出しの例

｜ 晩婚化
　女性の社会進出
　仕事が忙しい

結婚しない人の増加
　若者が消極的
　お見合いが廃れた
　出会いがない

結婚しても子どもはいない
　不妊
　キャリアの中断
　将来の収入不安
　老後の生活費
　育児休暇制度不備
　核家族化

結婚しても子どもは少ない
　保育園に入れない
　学費の増大
　育児費用の増加
　男性の支援不足

▼

ロジックツリー「直列と並列」と「順番」

少子化　→　1. 結婚しない人の増加
　　　　　　2. 晩婚化

1. ○○○○○○○○○
2. ○○○○○○○○○
　　2.1 ○○○○○○○○○
　　2.2 ○○○○○○○○○
3. ○○○○○○○○○
4. ○○○○○○○○○

ヒント

さて、何章立てにしますか？階層は必要ですか？

1. はじめに（目的の段落）

2. 対策概要（要約の段落）

3.

4.

5.

6.

7.

8.

1. はじめに（目的の段落）

・・・・・・・・・・・・・・・・・・・・・・・・・

2. 対策概要（要約の段落）

・・・・・・・・・・・・・・・・・・・・・・・・・

3. 警告の義務化（各論1）

・・・・・・・・・・・・・・・・・・・・・・・・・

4. 法的な禁止と罰則（各論2）

・・・・・・・・・・・・・・・・・・・・・・・・・

4章は階層が必要です。階層の総論（要約が必要です）に 4.1 と 4.2 の内容の総括を書いてください。

4.1 法規制（各論3）

・・・・・・・・・・・・・・・・・・

4.2 罰則適用（各論4）

・・・・・・・・・・・・・・・・・・

5. 今後の課題（各論5）

・・・・・・・・・・・・・

6. まとめ（A4判または用紙サイズで1枚なら省略可）

次の3つの理由により、解答例の構成にほぼ限定されます。もちろん、唯一絶対の解ではありません。まず、個人で追加リサーチはせず、与えられた資料を活用して作成しているはずです。次に、前問で、歩きスマホの抑止策のみの情報として、共存策は入れないことにしています。最後に、抑止策の1つとして、啓発があります。啓発で章立てすることもできそうです。

　しかし、与えられたデータに「99％の人がすでに危険と認知している」と記載されていました。知らない人や危険性に気づいていない人への啓発は有効でしょう。つまり、このデータは、知っていてもやめられない状況を意味しています。したがって、解答例では、章立てに入れていません。よって、本資料から導き出される対策は、アプリによる警告と法的な禁止策の2つのみとしています。ただし、この2つには解決しなければならない課題もあります。

設問3　要約文をトピックごとに書く

設問2の解答例の構成と前掲の資料を活用して、全ての段落に要約文を書いてください。

ポイント

1. **主語はキーワード**：本文からキーワードを拾う
2. **簡潔に書く**　　　：極限まで短く書く
3. **具体的に書く**　　：1つ例示を加える
4. **主題は1つだけ**　：「や」「と」「・」等が要約文に使われていないか確認する。ただし、「AではなくBだ」「AだけでなくBも」等の構文はOK

解 答 用 紙

下線部に、各段落の要約文を 1 文で書いてください。

1. はじめに
_____

2. 対策概要
_____

3. 警告の義務化
_____

4. 法的な禁止と罰則
_____

4.1 法規制
_____

4.2 罰則適用
_____

5. 今後の課題
_____

6. まとめ（今回省略）
_____

以下に要約文の例を示します。この内容が唯一絶対ではありません。

1. はじめに

・・・・・そこで、歩きスマホの有効な抑止方法について、ポイントを要約する。

2. 対策概要

抑止方法は、アプリケーションによる警告と法的な禁止の2つが有効である。・・・・・・

3. 警告の義務化

アプリケーションの使用の義務化は、歩きスマホの有効な抑止方法となる。・・・・・

4. 法的な禁止と罰則

国内外で進んでいる法的な禁止も歩きスマホの有効な抑止方法となる。・・・・・

4.1 法規制

大和市では、「何人も、公共の場所におけるスマホ等の操作は、他者の通行の妨げにならない場所で、立ち止まった状態で行わなければならない。」と定めている。・・・・・

4.2 罰則適用

前述の大和市の条例に罰則はない。・・・・・

5. 今後の課題

警告の義務化と法的な禁止は、いずれも解決しなければならない課題がある。

6. まとめ

（Ａ４判または用紙サイズ１枚なので省略）

MEMO

設問3の解答例の要約文に即して、総論から各論、全ての文章を書いてください。

ポイント

1. 情報の直列と並列に注意して書く
2. 前の文のキーワードを次の文の先頭に置いて書く
3. 短い文を書く、1つの文では1つの事柄だけを書く
4. 不要な情報と冗長な表現に注意して書く

解答用紙

下記枠内に適切な文を埋め、文章を完成させてください。

1.はじめに

> そこで、歩きスマホの有効な抑止方法について、ポイント
> を要約する。

2.対策概要

> 抑止方法は、アプリケーションによる警告と法的な禁止の
> ２つが有効である。
>
> 1.
>
> 2.

3.警告の義務化

アプリケーションの使用の義務化は、歩きスマホの有効な抑止方法となる。

4.法的な禁止と罰則

国内外で進んでいる法的な禁止も歩きスマホの有効な抑止方法となる。

4.1法規制

大和市では、「何人も、公共の場所におけるスマホ等の操作は、他者の通行の妨げにならない場所で、立ち止まった状態で行わなければならない」と定めている。

4.2 罰則適用

前述の大和市の条例に罰則はない。

5.今後の課題

警告の義務化と法的な禁止は、いずれも解決しなければならない課題がある。

解答・解説

「歩きスマホの有効な抑止方法」について、以下に3種類の解答例を示します。この設問で依頼したのはAです。しかし、実務上BやCを作成する場合があるので、参考までにご紹介します。

A　情報標準：前掲の解答例の章立て、要約文で説明
B　情報拡大：現状と問題点を詳しく説明
C　争点探求：啓発では実効が上がらないので、法整備などが有効であることを訴求

実際の実務の中で、どのタイプの内容が求められているのか、依頼者に確認することが大切です。いずれのタイプでも、総論まで書いて依頼者に確認すると、無駄が省けるだけでなく、イメージも共有がしやすくなります。

前掲の設問3の解答例の章立てと要約文を活用して、全文を書き上げました。

歩きスマホの有効な抑止方法

1.はじめに

　歩きスマホをした人の7割弱は他者とぶつかった経験がある。歩きスマホの最大の問題点は、視覚障害者などに恐怖を与えたり、怪我をさせたりすることにある。また、その危険性を携帯電話会社や鉄道会社などが啓発をしていても効果はあまりない。そこで、歩きスマホの有効な抑止方法について、ポイントを要約する。

2.対策概要

　抑止方法は、アプリケーションによる警告と法的な禁止の2つが有効である。

　1　歩きスマホをすると警告が出るアプリケーションの使用の義務化

　2　歩きスマホの法的な禁止と罰則の適用

　しかし、アプリケーションは、電車で座って移動しているような、問題がない場面でも、使用できなくなる恐れがある。罰則適用は、その取締りの難しさが指摘されている。

3.警告の義務化

　アプリケーションの使用の義務化は、歩きスマホの有効な抑止方法となる。ある携帯電話会社では、歩きスマホを検知すると警告をする機能を既に提供しているが、あまり使用されていない。したがって、義務化は大きな抑止力となる。

4.法的な禁止と罰則

　国内外で進んでいる法的な禁止も歩きスマホの有効な抑止方法となる。神奈川県大和市は条例で歩きスマホを禁止している。米国ハワイ州ホノルル市は罰則付きで規制している。

4.1 法規制

　大和市では、「何人も、公共の場所におけるスマホ等の操作は、他者の通行の妨げにならない場所で、立ち止まった状態で行わなければならない。」と定めている。ホノルル市では、道路横断中のスマホのチェックやゲームなどの行為を禁止する条例が施行されている。

4.2 罰則適用

　前述の大和市の条例に罰則はない。しかし、ホノルル市では違反回数に応じて、約4,000円から約12,000円の過料を科している。啓発には限界があるので、罰則は抑止力になる。

5.今後の課題

　警告の義務化と法的な禁止は、いずれも解決しなければならない課題がある。

警告の義務化：歩きスマホの検知精度に現状は課題を残
　　　　　　　　　　す。現状では単にスマートフォンを使い
　　　　　　　　　　にくくしてしまう恐れがある。
　　法的な禁止　　：弁護士の意見として、立証の難しさや、
　　　　　　　　　　取り締まりをする側の負担も大きいこと
　　　　　　　　　　が指摘されている。

（約900文字）

　この解答ではポスター等での抑止啓発は、触れていません。も
し、啓発について書くならば、各論の章を1つ増やすだけでなく、
要約の段落の情報も修正する必要があります。

　今後の課題では、警告の義務化と法的な禁止について2つとも
漏れなく記載してください。

　近年は、「障がい者」と害をひらがなで表記する場面が増えて
います。また、障碍者とも書きます。ここでは現在の法律で用い
られている表現で表記しています。

　上記が、今回の課題内容です。次に説明するBとCのタイプは
出題していません。

前掲の解答例を基軸に、現状分析と問題点の指摘を充実させたパターンです。抑止策の内容・構成は同じです。3章と4章のみ追加で他の章はAと基本的には同じです。

歩きスマホの有効な抑止方法

1.はじめに

　歩きスマホをした人の7割弱は他者とぶつかった経験がある。さらに、歩きスマホが原因で駅のホームから転落する事故は平成28年以降、増加傾向にある（国土交通省）。歩きスマホの最大の問題点は、視覚障害者などに恐怖を与えたり、怪我をさせたりすることにある。また、その危険性を携帯電話会社や鉄道会社などが啓発をしていても効果はあまりない。そこで、歩きスマホの有効な抑止方法について、ポイントを要約する。

2.対策概要

　抑止方法は、アプリケーションによる警告と法的な禁止の2つが有効である。
　1. 歩きスマホをすると警告が出るアプリケーションの使用の義務化
　2. 歩きスマホの法的な禁止と罰則の適用
　しかし、アプリケーションは、電車で座って移動しているような、問題がない場面でも、使用できなくなる恐れがある。罰則適用は、その取締りの難しさが指摘されている。

3.歩きスマホの現状

スマートフォン等を操作していて駅のホームから転落する事故は増加している。平成28年は18件、29年は19件である。30年は45件と年々増加傾向にある（国土交通省）。

4.歩きスマホの問題点

歩きスマホ経験者の66%が「人にぶつかったことがある」と回答している（民間調査）。対をなすように「歩きスマホが増えてから、ぶつかられることが増えました」と視覚障害者が述べている。

5.警告の義務化

アプリケーションの使用の義務化は、歩きスマホの有効な抑止方法となる。ある携帯電話会社では、歩きスマホを検知すると警告をする機能を既に提供しているが、あまり使用されていない。したがって、義務化は大きな抑止力となる。

6.法的な禁止と罰則

国内でも罰則なしの条例が、海外では罰則付きの条例が制定されている。神奈川県大和市は条例で歩きスマホを禁止している。米国ハワイ州ホノルル市は罰則付きで規制している。

6.1 法規制

大和市では、「何人も、公共の場所におけるスマホ等の操作は、他者の通行の妨げにならない場所で、立ち止まった状態で行わなければならない。」と定めている。ホノルル市では、道路横断中のスマホのチェックやゲームなどの行為を禁止する条例が施行されている。

6.2 罰則適用

前述の大和市の条例に罰則はない。しかし、ホノルル市では違反回数に応じて、約4,000円から約12,000円の罰金を科している。啓発には限界があるので、罰則は抑止力になる。

7.今後の課題

警告の義務化と法的な禁止は、いずれも解決しなければならない課題がある。

警告の義務化：現在の歩きスマホの検知精度に課題を残す。現状では単にスマートフォンを使いにくくしてしまう恐れがある。

法的な禁止　：弁護士の意見として、立証の難しさや、取り締まりをする側の負担も大きいことが指摘されている。

8.まとめ

歩きスマホは、社会問題化しつつある。その抑止方法は、警告の義務化と法的な禁止が現在有力である。しかし、いずれの方法も解決しなければならない課題が残されている。

（約1200文字）

読み手を考えて、現状や問題点などを詳しく説明すべきか、標準型にすべきかを選択します。読み手がテーマについて詳しく知らない、興味関心が薄い場合は強調して、意識を高めてもらいます。

　しかし、すでに高まっている人に強調すると、「なんで、当たりまえのことを書いているんだ」と不満を持ちます。自分が書きたいかではなく、相手の状況に即して判断してください。

　この例では1200文字を超えたので、1枚に収まらなくなる恐れがあるので、まとめを追加しています。

前掲の解答例を基軸に、啓発では効果がなく、警告と法的規制の抑止策が有効であることを強調したパターンです。まず1章で3章の啓発では実効性がないことを主張するために、目的のパートの情報を反映させて書いています。

歩きスマホの有効な抑止方法

1. はじめに

　歩きスマホは、視覚障害者などに恐怖を与えるだけでなく、駅のホームから転落するような事故も多く発生している。特に、その危険性を多くの人が理解していても、自制できないところに最大の課題がある。もはや啓発では抑止できない。実効性のある歩きスマホの有効な抑止方法について、ポイントを要約する。

2. 対策概要

　抑止方法は、アプリケーションによる警告と法的な禁止の2つが有効である。
　1. 歩きスマホをすると警告が出るアプリケーションの使用の義務化
　2. 歩きスマホの法的な禁止と罰則の適用
　しかし、アプリケーションは、電車で座って移動しているような、問題がない場面でも、使用できなくなる恐れがある。罰則適用は、その取締りの難しさが指摘されている。

3.啓発では実効性がない

　歩きスマホは、既に危険と知っているので、啓発しても効果は見込めない。99％が「歩きスマホは危険」と感じながら、73％が「歩きスマホの経験がある」と回答している（携帯電話会社の調査）。したがって、歩きスマホの危険性を認識していないのではなく、自制できないことに問題がある。自制できないのならば、法律等の実効性のある抑止策が必要とされる。

4.警告の義務化

　アプリケーションの使用の義務化は、歩きスマホの有効な抑止方法となる。ある携帯電話会社では、歩きスマホを検知すると警告をする機能を既に提供しているが、あまり使用されていない。したがって、義務化は大きな抑止力となる。

5.法的な禁止と罰則

　国内でも罰則なしの条例が、海外では罰則付きの条例が制定されている。神奈川県大和市は条例で歩きスマホを禁止している。米国ハワイ州ホノルル市は罰則付きで規制している。

5.1 法規制

　大和市では、「何人も、公共の場所におけるスマホ等の操作は、他者の通行の妨げにならない場所で、立ち止まった状態で行わなければならない。」と定めている。ホノルル市では、道路横断中のスマホのチェックやゲームなどの行為を禁止する条例が施行されている。

5.2 罰則適用

　前述の大和市の条例に罰則はない。しかし、ホノルル市では違反

回数に応じて、約4,000円から約12,000円の罰金を科している。啓発には限界があるので、罰則は抑止力になる。

6.今後の課題

警告の義務化と法的な禁止は、いずれも解決しなければならない課題がある。

警告の義務化：現在の歩きスマホの検知精度に課題を残す。現状では単にスマートフォンを使いにくくしてしまう恐れがある。

法的な禁止　：弁護士の意見として、立証の難しさや、取り締まりをする側の負担も大きいことが指摘されている。

（約1050文字）

上記の争点探求型は、文章表現力よりも批判的思考力がより要求されます。「歩きスマホは、既に危険であると認知している」場合には、「啓発で実効が上がるのか」「なぜ上がると言えるのか」を考察する必要があります。これは本書で取り扱っている、書き方や話し方ではなく、もっと基本的な理解力、思考力、分析力、判断力に大きく依存します。

このタイプはＡ４サイズで書くと１枚に収まる情報量のため、まとめを省略しています。

ナンバリングのルール

- -

番号のつけ方は、組織・集団で形式が異なります。以下に公用文と
JIS 規格を紹介します。交ぜて使わないでください。

公用文の場合：主に公務員が文書で使用する

   1

      (1)

      (2)

      (3)

   2

      (1)

      (2)

        ア

        イ

        ウ

JIS Z 8301：JIS 規格、理系論文などで使用する

    1

    2

3

3.1

3.1.1

3.1.2

3.1.3

3.2

3.2.1

3.2.2

・

・

・

主題及び規格の区分け 付番の例

部（Part）	XXXX-1
箇条（Clause）	1
細分箇条（Subclause）	1.1
細分箇条	1.1.1
段落（Paragraph）	（番号なし）
附属書（Annex）	A

― PART 5 ―
まとめ

　私は30年以上、企業などの研修講師を務めています。「研修で学んだことは、職場では使えない」と指摘されることがあります。本当に使えないのではなく、使うためには１人ひとりの意識と行動が成功のポイントになっています。

文章作成の技術を自分のスキルとして定着させるには、
以下の４つのポイントを意識・活用してください。

　1. 理論は習慣に負ける
　2. 努力に即効性はない
　3. 書くことにより思考が整理される
　4. 文章を書くためのセルフチェックリスト

理論は習慣に負ける

どんなによいルールを聞いても、実践にはすぐに移せません。頭でわかっても行動はなかなか変わりません。特に、長い時間、自己流の悪い癖で書いていると、思考も行動も硬直化してしまいます。そして、変化を嫌ったり、あきらめてしまったりします。

行動を変えるには、目に見える効果が必要です。例えば、自分でうまく文が書けるようになったと実感できたり、職場の同僚から、「メールがわかりやすいね」「文章が変わったね」と言われたりすることが、変化し続けようとする原動力になります。

努力に即効性はない

パソコンのプログラミングのように、正解がある業務は知識と成果が直結します。研修も即効性があります。しかし、文章力は一朝一夕に身につけられません。知識習得型ではなく、車の運転やスノボなどと同じスキル習熟型なのです。実践的なスキルを身につけるには、手を動かして実際に書く努力を繰り返すしか道はありません。

書くことにより思考が整理される

文章ではなく、キーワードなど単語レベルでよいので、情報を書き出してください。いきなり「総論を書こう」と思っても何も書けないでしょう。したがって、テーマに即して、当たりまえの情報を書き出してください。

例えば、「職場の問題解決について改善提案書を書いてください」

と、指示があった場合は、総論どころか、何を書いてよいか最初から困る人も多いでしょう。こんな時こそ、当たりまえの情報を書き出してください。具体的には、「職場の人数」、「就業時間」などです。

　次に、書き出したキーワードから別のキーワードへ情報を広げてください。具体的には、「職場の人数」から、机やキャビネットの配置、担当の割り振りなど関連する情報を書き広げてください。また、「就業時間」から始業時間、残業時間、残業の偏り、休日、代休などキーワードを広げてください。使わない情報、関係がないと思う情報でもたくさん書いてください。たくさん書くと優れたキーワードも見つかってきます。量の拡大が質の向上をもたらします。それらの情報を活用して、要約文を作成してください。

　既にお気づきの方も多いと思いますが、上記は PART 2で説明をした「文章を書く前の整理方法」の段取りです。思考の整理のために書き、そして、そのアイデアや情報を PART 3のルールに即して、わかりやすく書いてください。

よい文章を書くためのセルフチェックリスト

　文章を書く前や書いたあとに、チェックリストで確認をしてください。リストを使って繰り返し確認をすると、自分の癖に気づいたり、ルールの意味に気づいたりします。リストを使わなくても修正ができるようになれば師範の腕前になっていることでしょう。

次ページにつづく

よい文章を書くためのセルフチェックリスト

1.最初だけ読めば結論や概要が伝わるように書く（文章）
①最初の30秒で目的と要約が読み切れるか？ ……………………… □
②目的の段落に背景、必要性、目的が書いてあるか？ …………… □
③階層化している場合、階層の要約はあるか？ …………………… □
④タイトルは手段＋トピック＋目的で書かれているか？ ……… □
⑤小見出しで全体構成がわかるか？ ………………………………… □
⑥すべての要約文をつないで主旨が伝わるか？ ………………… □

2.必要最低限の情報だけで書く（文章）
①誰が読むのかを考えて情報を選んでいるか？ ………………… □
②総論で述べていないことを各論で書いていないか？ ………… □
③まとめで、新しい情報を書いていないか？ …………………… □

3.ポイントの数とキーワードが伝わるように書く（段落）
①意味のかたまりがわかるように、改行のしかたを統一している
　か？ ……………………………………………………………………… □
②ナンバリングとラベリングがされているか？ ………………… □
③情報の縦つながり、横並びがわかるか？ ……………………… □

4.要約文を段落の先頭に書く（文）
①要約文は簡潔かつ具体的か？ …………………………………… □
②キーワードが先頭に置かれているか？ ………………………… □
③前の文と情報・キーワードはつながっているか？ …………… □
④筋道は明確か？ …………………………………………………… □
⑤根拠は明確か？ …………………………………………………… □

5.短い文を書く（文）
①「が、」「り、」「し、」「て、」「と、」「れ、」などの等位接続助詞で不必要
　に情報をつなげていないか？ …………………………………… □

6. 簡潔に書く（単語）

①「行う」「可能である」など冗長な表現がないか？ …………… □

②不必要にぼかして書いていないか？ ………………………… □

③同語反復・類語反復していないか？ ………………………… □

④不要な情報は排除されているか？ …………………………… □

7. 正しく・わかりやすく書く（単語）

①正しい日本語で書かれているか？ …………………………… □

②文体を統一しているか？ ……………………………………… □

③表現・表記を統一しているか？ ……………………………… □

④差別語、不快語はないか？ …………………………………… □

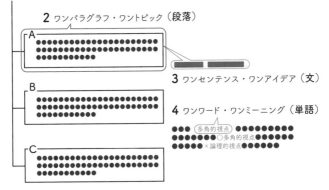

1 ワンドキュメント・ワンテーマ（**文章**）

2 ワンパラグラフ・ワントピック（**段落**）

3 ワンセンテンス・ワンアイデア（**文**）

4 ワンワード・ワンミーニング（**単語**）

多角的視点
○多角的視点
×論理的視点

上記リストは、箇条書きのルールに即して書きました。

1. 何を箇条書きするか、トピックや目標から書く
2. 同じ種類の情報を優先順位や手順を考えて列挙する
3. 優先順位や手順があるときは、行頭に番号をつける
4. 項目が7つを超える場合、上下で情報を括る
5. 文体を統一して書く

あとがき

　この本は 7 冊目の著書です。数を重ねるたびに書くスピードが上がっていることを実感しています。それは、この本で紹介した文章作成のルールを活用しているからです。わかりやすい文章を早く書くために必要なのは、才能ではありません。ルールをどれだけ守って書いているかです。

　こうした理論と実践を重ねることができたのは、私の研修を受講してくださった多くの方の提案資料や課題文章があったからです。それらを添削することで、各種ルールの有効性の確認ができました。また、どのような箇所で間違い、混乱をしているかを知ることができました。この蓄積がなければ本書は書けませんでした。

　また、本書を上梓するにあたり、ディスカヴァー・トゥエンティワンの千葉正幸さんと安達正さん、ブックデザイナーの小林祐司さんと山之口正和さん、そして、弊社のスタッフの松本恵理子さんにも大変お世話になりました。改めて感謝いたします。

　そして、妻の伊都子と校正を手伝ってくれた 3 人の息子たちに感謝して筆をおきます。

　多くの方の支えがあって今の私があります。ありがとうございます。

別所栄吾

参考図書

『通じる文章の技術』篠田義明　ごま書房
『コミュニケーション技術』篠田義明　中公新書
新版『書く技術・伝える技術』倉島保美　あさ出版
魚食革命『津本式と熟成【目利き／熟成法／レシピ】』津本光弘　内外出版社
『あなたの話は、なぜ伝わらないのか？』別所栄吾　日経出版社
『「お前の言うことはわけがわからん！」と言わせないロジカルな話し方超入門』　別所栄吾　ディスカヴァー・トゥエンティワン

「で、結局なにが言いたいの？」と言わせない
ロジカルな文章の書き方超入門

発行日　　　　　2021年7月20日　第1刷
　　　　　　　　2022年4月15日　第2刷

Author　　　　　別所栄吾

Book Designer　山之口正和（カバーデザイン）
　　　　　　　　小林祐司（本文・図版・イラスト・DTP）

Publication　　株式会社ディスカヴァー・トゥエンティワン
　　　　　　　　〒102-0093　東京都千代田区平河町2-16-1 平河町森タワー11F
　　　　　　　　TEL　03-3237-8321（代表）03-3237-8345（営業）／ FAX　03-3237-8323
　　　　　　　　https://d21.co.jp

Publisher　　　谷口奈緒美
Editor　　　　　千葉正幸

Store Sales Company

安永智洋　伊東佑真　榊原僚　佐藤昌幸　古矢薫　青木翔平　井筒浩　小田木もも　越智佳南子
小山怜那　川本寛子　佐藤淳基　佐々木玲奈　志摩晃司　副島杏南　高橋雛乃　滝口景太郎　竹内大貴
辰巳佳衣　津野主揮　野村美空　羽地夕夏　廣内悠理　松ノ下直輝　宮田有利子　山中麻吏　井澤徳子
石橋佐知子　伊藤香　葛目美枝子　鈴木洋子　藤井多穂子　町田加奈子

EPublishing Company

小田孝文　飯田智樹　川島理　中島俊平　青木涼馬　磯部隆　大崎双葉　越野志絵良　庄司知世
中西花　西川なつき　野崎竜海　野中保奈美　三角真穂　八木眸　高原未来子　中澤泰宏　伊藤由美
蛯原華恵　俵敬子　畑野衣見

Product Company

大山聡子　藤田浩芳　大竹朝子　小関勝則　千葉正幸　原典宏　榎本明日香　大田原恵美　岡本雄太郎
倉田華　志摩麻衣　舘瑞恵　橋本莉奈　牧野類　三谷祐一　元木優子　安永姫菜　渡辺基志　小石亜季

Business Solution Company

蛯原昇　早水真吾　野村美紀　林秀樹　南健一　村尾純司　藤井かおり

Corporate Design Group

塩川和真　森谷真一　大星多聞　堀部直人　井上竜之介　王廳　奥田千晶　斎藤悠人　佐藤サラ圭
杉田彰子　田中亜紀　福永友紀　山田諭志　池田望　石光まゆ子　齋藤朋子　福田章平　丸山香織
宮崎陽子　阿知波淳平　伊藤花笑　伊藤沙恵　岩城萌花　内堀瑞穂　遠藤文香　王玮玮　大場美範
小田日和　加藤沙葵　河北美汐　吉川由莉　菊地美恵　工藤奈津子　黒野有花　小林雅治　佐瀬遥香
鈴木あさひ　髙田彩葉　瀧山響子　田澤愛実　田中真悠　田山礼真　玉井里奈　鶴岡蒼也　道玄萌
富永啓　中島魁星　永田健太　夏山千穂　原千晶　平池輝　日吉理咲　峯岸美有

Proofreader　　文字工房燦光
Printing　　　　大日本印刷株式会社

・定価はカバーに表示してあります。本書の無断転載・複写は、著作権法上での例外を除き禁じられています。
　インターネット、モバイル等の電子メディアにおける無断転載ならびに第三者によるスキャンやデジタル化もこれに準じます。
・乱丁・落丁本はお取り替えいたしますので、小社「不良品交換係」まで着払いにてお送りください。
・本書へのご意見ご感想は下記からご送信いただけます。
https://d21.co.jp/inquiry/

ISBN978-4-7993-2769-2　© Eigo Bessho, 2021, Printed in Japan.

Discover

人と組織の可能性を拓く
ディスカヴァー・トゥエンティワンからのご案内

本書のご感想をいただいた方に
うれしい特典をお届けします！

特典内容の確認・ご応募はこちらから

https://d21.co.jp/news/event/book-voice/

最後までお読みいただき、ありがとうございます。
本書を通して、何か発見はありましたか？
ぜひ、感想をお聞かせください。

いただいた感想は、著者と編集者が拝読します。

また、ご感想をくださった方には、お得な特典をお届けします。